L'ASPHODÈLE

SES APPLICATIONS INDUSTRIELLES

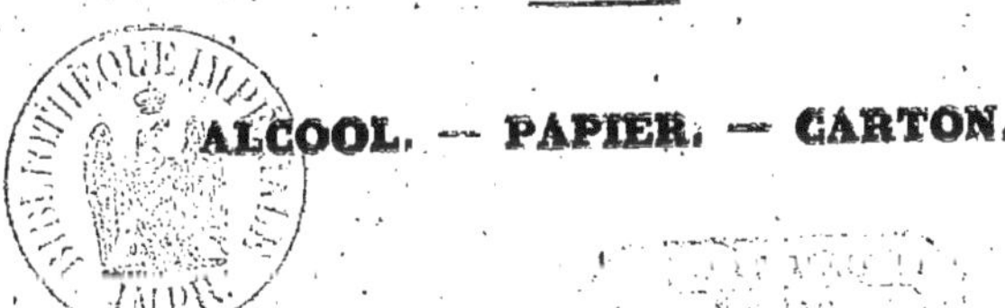

ALCOOL. — PAPIER. — CARTON.

4586 — Paris, imp. Guiraudet et Jouaust, 338, r. S.-Honoré.

A M. le Vicomte L. de G.

C'est à vous, mon ami, que j'adresse et dédie ce résumé sommaire de mes études sur l'ASPHODÈLE; — et ce n'est que justice, car vous avez partagé avec moi, luttes, recherches et succès.

Puis-je d'ailleurs oublier qu'en réalité vous êtes le véritable inventeur des merveilleux produits que donne et doit donner cette plante précieuse.

Vous qui, par les souvenirs honorables que votre famille avait laissés en Italie, avez obtenu en Toscane, à Parme, à Rome, les concessions importantes qui ont permis nos premiers travaux.

Vous qui au péril de votre santé avez été demander aux Marennes Toscanes et à la campagne de Rome les secrets de la végétation d'une plante trop peu connue.

Vous enfin qui de touriste m'avez fait investigateur heureux, et avez transformé le laboureur marécageux en industriel laboureur.

P. DE L.,

Syndic des Marais de Bourgoin,
Breveté en France, Angleterre, Autriche, Belgique, Hollande, Espagne, Portugal, États-Unis d'Amérique, etc.

L'ASPHODÈLE

SES APPLICATIONS INDUSTRIELLES

ALCOOL. — PAPIER. — CARTON.

I.

L'Asphodèle (*Asphodelus*, en grec ασφοδηλος, sceptre), vulgairement appelé en France *Bâton royal, Alée*, en italien *Porrazzo*, est une belle plante du midi de l'Europe, dont les abondantes racines bulbeuses se reproduisent, suivant les climats, tous les deux ou trois ans; dont la tige, élevée d'environ un mètre, se couvre, en été, de jolies fleurs blanches ou jaunes; dont les feuilles enfin, première verdure du printemps, se dessèchent à la fin de l'été, pour reparaître au commencement de l'automne et se flétrir sous l'action des gelées de l'hiver.

Déjà connu et classifié par les anciens, l'Asphodèle était, chez les Grecs, considéré comme une plante sacrée. Proserpine était couronnée de ses fleurs, et ses racines, religieusement entretenues autour des tombeaux, servaient, suivant les croyances populaires, de nourriture aux mânes des morts.

Chez les Romains, nous voyons l'Asphodèle cité par Pline l'Ancien, et indiqué par Dioscoride comme utile pour ses propriétés médicinales.

Pour les modernes, ils ne paraissent le considérer que comme une plante d'ornement. Grand nombre d'auteurs s'en occupent : en France, Linnée, Tournefort, de Jussieu, Desfontaines, de Lamarck; en Angleterre, Miller, Wildenow. Mais, si plusieurs constatent qu'à certaines époques de famine on s'est servi des racines pour en extraire une farine propre à l'alimentation de l'homme, tous, même dans leur silence, semblent unanimes à reconnaître que, jusque dans ces derniers temps, cette plante n'avait reçu d'une manière constante aucune application utile, étant même repoussée par les animaux, qui, dans les pâturages, délaissent complétement ses tiges et ses feuilles.

Au point de vue de la science botanique, l'Asphodèle, quoique l'objet de descriptions minutieuses, n'est point encore complétement connu. De Jussieu déclare que des études plus complètes sur la germination des graines de cette espèce pourraient peut-être modifier les classifications qui réunissent dans un même genre l'Asphodèle, l'aloès, l'ail et la jacinthe. — Aujourd'hui, si la science a fait sur ce point quelques conquêtes, nous devons avouer que toutes nos recherches pour les

Asphodèle rameux (*Asphodelus ramosus*),
avec détail de la fleur (grandeur naturelle).

connaître ont été inutiles ou n'ont donné que des résultats incomplets. Nous ne pourrons donc nous référer qu'à nos expériences.

En l'état, et quelles que soient les conséquences à tirer de ces recherches, le *Dictionnaire général de botanique*, publié en 1812, et le *Traité des Liliacées* de Laurent de Jussieu (1816), fournissent sur l'Asphodèle les notions les plus précises qui aient été publiées sur cette plante jusqu'à ce jour.

C'est à ce dernier auteur que nous emprunterons sa description, en y ajoutant quelques observations de Linnée :

« L'Asphodèle (*Asphodelus*), plante monocotylédone à pétales, de la famille des Asphodélées, de la classe des Liliacées de Tournefort et de l'Hexandrie de Linnée, est le type du genre, qui se subdivise en plusieurs sections, parmi lesquelles sont compris l'aloès, l'ail et la jacinthe. — Il existe deux variétés principales d'Asphodèle : l'Asphodèle rameux (*Asphodelus ramosus*), qui paraît être le type primitif et sauvage de la plante ; l'Asphodèle jaune, vulgairement appelé *Verge de Jacob*, qui se cultive dans les jardins.

» L'Asphodèle rameux, placé dans les conditions de terrain et de climat les plus propres à sa nature, atteint une hauteur d'un mètre et demi ; dans les conditions les moins favorables où il puisse encore se développer, il n'excède pas 60 centimètres.

» La tige ou hampe est droite, aussi grosse que le doigt, terme moyen ; cylindrique, glabre, glauque, tantôt simple, tantôt émettant quelques rameaux, qui toujours se redressent à leur tour vers le ciel.

» Les fleurs sont blanches, nombreuses, disposées en grappe conique, allongée ; la masse en est plus développée vers le milieu que dans le haut ou à leur point de départ ; elles sont soutenues par des pédicelles droits, étalés presque horizontalement, présentant une sorte d'articulation à la partie moyenne, longs de quelques millimètres dans le bas de la grappe, plus courts dans le haut. A la base de chaque pédicelle est une bractée linéaire, lancéolée, membraneuse, plus longue que lui.

» Le périgone est divisé jusqu'à sa base en six lanières très étalées, longues de près de deux centimètres, ovales, oblongues, obtuses, égales entre elles, un peu concaves, d'un beau blanc, avec leur ligne moyenne brune. Les étamines sont de la longueur des segments du périgone; leurs filaments sont en forme d'alène, blancs, dilatés à leur base, qui est courbée en manière de voûte, d'une couleur brunâtre, et hérissée sur les bords de cils assez courts.

» Les anthères sont d'un jaune brun, ovales-oblongues, vacillantes, à deux loges qui s'ouvrent en dedans.

» L'ovaire est libre, arrondi, vert, lisse, caché par l'espèce de voûte que forme la partie dilatée des filaments des étamines, terminé par un stygmate échancré, à deux lobes peu distincts.

» Le fruit est une capsule sphérique de la grosseur d'une petite cerise, à trois loges, dont chacune renferme une ou deux semences noires, oblongues-triangulaires.

» Les feuilles, qui poussent en assez grand nombre au dessus de la racine, sont linéaires, redressées, aiguës, très entières, glabres, glauques, pliées en gouttières le long de leur nervure moyenne, qui est plus saillante que les autres, longues de trois à six décimètres, larges d'un à deux, soit à leur base, soit dans leur partie moyenne, au delà de laquelle elles se rétrécissent graduellement jusqu'à leur sommet. C'est la feuille de l'iris en petit ou de la jacinthe en grand.

» La racine est formée par un faisceau de tubercules fusiformes, bruns au dehors, blancs à l'intérieur, de la grosseur du pouce et de la longueur d'un décimètre et demi, dont l'analogie se place entre la racine des navets et celle des dahlias. Elle est farineuse et fibreuse, c'est-à-dire que la substance opaque dont elle est composée peut donner une sorte de fécule au moyen de la râpe ou de l'écrasement, mais que cette même substance est traversée dans toute la longueur du tubercule par un faisceau filamenteux qui la rattache à la souche, d'une extrémité, et, de l'autre, s'effilant et se subdivisant, va chercher dans la terre les sucs nourriciers.

» Au total, l'Asphodèle, dans des proportions très supérieures, au moins pour ce qui est de la plante, ressemble beaucoup à la jacinthe. »

II.

A cette description si complète, tout habitant du midi de la France, tout voyageur qui a parcouru l'Italie, l'Espagne, la Grèce, l'Asie Mineure ou les côtes d'Afrique, a reconnu une plante qui se trouve à l'état sauvage, et en abondance, aussi bien sur les coteaux rocailleux et même le sommet des plateaux élevés, que dans les plaines du littoral jusqu'au milieu des lagunes. L'Asphodèle, en effet, est tout à fait méditerranéen. » Indigène du midi de l'Europe et de la Barbarie, il est ex- » trêmement commun dans les lieux incultes ou arides. » (*D. de B.*, 1812.) « .... Il se trouve en abondance dans les » environs de Narbonne, dans les Pyrénées, où il couvre des » montagnes de moyenne hauteur, mais ne descendant point » dans les vallées. (J.).... L'Asphodèle rameux croît en Car- » niole, en Italie, en Espagne, dans le midi de la France.... » L'Asphodèle jaune est originaire de Sicile et d'Italie.... Une » autre variété croît dans les forêts, jusque dans les contrées

» un peu septentrionales, et est commune en France depuis » les Pyrénées jusqu'au Maine. »

A ces indications des auteurs du commencement de ce siècle, nous pouvons en ajouter quelques unes qui les confirment et les complètent. Ainsi, pour la France, non seulement l'on trouve l'Asphodèle dans la plupart des terrains incultes, des montagnes rocailleuses du Midi, tels que les garigues des environs de Montpellier, les Morres de la Provence et autres localités du littoral de la Méditerranée, mais on le rencontre encore sur quelques montagnes de l'intérieur, même dans le voisinage des neiges et dans les plaines du versant de l'Océan.

La flore du Dauphiné mentionne l'Asphodèle comme couvrant plusieurs montagnes boisées et pâturages de l'arrondissement de Grenoble, signalant entre autres le massif de la Grande-Chartreuse. Ce fait, eu égard à la similitude qui existe entre l'arome spécial de l'alcool d'Asphodèle et celui de la liqueur de la Chartreuse, pourrait bien révéler le secret de la fabrication de cette liqueur, également recherchée par les gourmets et comme cordial des plus bienfaisants.

La flore du département de la Vienne mentionne l'Asphodèle comme se trouvant à l'état sauvage et en grande quantité dans plusieurs cantons du Poitou, soit au milieu des bruyères, soit même à l'ombre des forêts.

Le Bulletin de la société des Agriculteurs de l'Indre signale l'existence et même l'abondance de l'Asphodèle dans les brandes de la Brenne.

Enfin, dans le vaste territoire de landes incultes qui s'étend de la Loire aux Pyrénées, le long de l'Océan, diverses variétés, dont une, entre autres, de couleur lilas, paraissent végéter à l'état sauvage, dans des conditions qui peuvent indiquer que d'autres variétés à tige plus élevée, à racines plus abondantes, pourraient également y prospérer.

Mais si la nature semble avoir assigné une limite à la croissance spontanée de l'Asphodèle sur le sol de la France continentale, elle l'a prodigué, d'une manière souvent désespérante pour le cultivateur, en Corse et en Algérie. Là, peu de plaines incultes, peu de coteaux rocailleux, qui ne présentent une abondance extraordinaire de ces plantes, dont la croissance est d'autant plus active que le sol a été plus ameubli pour leur extirpation.

Cette même abondance se retrouve en Italie. La Toscane, les Etats Romains, le royaume de Naples et la Sicile, présentent d'immenses étendues couvertes d'Asphodèle, aussi bien dans les plaines marécageuses et malsaines du littoral que dans la chaîne des Apennins, depuis les sommets inaccessibles de Bosco-Longo et Pontremoli, limitrophes des duchés de Parme et de Modène, jusqu'aux plateaux de Santa-Fiora, et qui se continuent à travers les Etats Romains et le royaume de Naples jusqu'au détroit de Messine. En Espagne, en Portugal, même abondance; sans parler des contrées du littoral méditerranéen, Grèce, Syrie et côtes de Barbarie, desquelles nous ne pourrions parler que par analogie.

III.

Comment une plante aussi répandue, que la Providence semble avoir ainsi prodiguée à dessein, dans des conditions si diverses, est-elle restée jusqu'ici un don inutile, une calamité même pour le cultivateur?

Ne serait-elle donc réellement que l'emblème de la mort?

Ses fleurs, qui couvrent les rivages de la Grèce et de Rome, qui tapissent les monts où jadis brillèrent les empires des Arabes et des Osmanlis, ne sont-elles donc qu'un symbole de la décadence de ces nations autrefois si florissantes?

L'industrie moderne s'est chargée de répondre. Aujourd'hui l'Asphodèle, transformé par la science, offre à la civilisation et l'eau de feu qui vivifie l'homme et alimente l'industrie, et la feuille de papyrus qui conserve les œuvres de l'intelligence. Et ces applications si précieuses, que certainement l'avenir doit multiplier et améliorer encore, ce ne sont point des espérances, ce sont des *faits*, des FAITS ACCOMPLIS et CONSTATÉS, dont nous allons suivre le développement pas à pas.

Mais, d'abord, interrogeons la science pour connaître les éléments constitutifs de cette plante, et les applications industrielles dont elle peut être susceptible.

M. Marés, secrétaire de la Société d'Agriculture de l'Hérault, donne l'analyse suivante de la racine de l'Asphodèle :

Eau,	68,84
Cendres,	0,75
Matières grasses solubles dans l'éther,	2,20
Matières susceptibles de se transformer en sucre de raisin par l'action des ferments et des acides,	18,25
Pectine,	2,30
Alumine coagulable par la chaleur,	0,42
Cellulose,	7, »
Perte,	0,24

Cette proportion énorme de 27,55 pour cent de principes susceptibles de se transformer en alcool : pectine, cellulose ou matières propres à donner du sucre de raisin, indique toute la richesse de l'Asphodèle au point de vue de son alcoolisation.

La betterave, en effet, ne contient, d'après l'analyse, en

matières alcoolisables que 13 p. cent, savoir : sucre de canne, 7; — glucose, 4; — fécule, 2.

Le topinambour, qui offre tant d'analogies avec l'Asphodèle, 12,88 p. cent; — la carotte, 14 p. cent.

Il y a deux ans à peine l'on n'admettait pas, il est vrai, que la pectosine et la cellulose contenues dans l'Asphodèle pussent se transformer en alcool. L'on disait : Cette plante ne contient ni *sucre cristallisable*, ni *glucose*, ni *fécule*, ni *gomme*, ni *mannite*, ni *inuline* en quantité appréciable : donc elle ne peut produire de l'alcool. — Et cependant la pratique obtenait cet alcool impossible !

A cette contradiction apparente, la science n'a pas tardé de trouver une explication. Le fait, d'abord nié comme impossible, est devenu palpable et logique, et les savants éminents qui, dans l'origine, avaient accueilli avec le plus de défiance les récits merveilleux sur l'alcoolisation de l'Asphodèle, reconnaissent aujourd'hui ses propriétés. Voici comment M. Basset explique les phénomènes chimiques qui se produisent dans cette circonstance.

« L'Asphodèle absorbe une aussi grande quantité relative d'acide carbonique dissous que les autres plantes; mais comme il n'est doué que d'un très faible pouvoir réducteur, le carbone réduit fixe l'eau nécessaire à la production de la cellulose mucilagineuse ou rudimentaire, de la pectosine en un mot, sans que les progrès de la végétation fassent jamais passer cette pectosine à l'état parfait de cellulose complétée, dans aucune de ses formes secondaires. Ainsi, on ne trouve dans l'Asphodèle que de la pectosine et de la cellulose normale... Mais la *pectosine* est tout aussi transformable en glucose que la fécule, sous l'empire d'une acidulation même assez faible. » (Basset, *Traité d'alcoolisation générale.*)

Plus loin, nous verrons comment la pratique avait déjà mis

en œuvre ce que la science a sanctionné d'une manière aussi péremptoire. Ici recherchons s'il n'existe point encore dans cette plante, trop peu étudiée, des éléments qui puissent donner lieu à quelques autres applications utiles.

Après avoir dépouillé par la distillation les tubercules de tous les éléments susceptibles de se transformer en sucre, puis en alcool, que trouve-t-on dans les résidus?

Un mélange pâteux, fibreux, ligneux, plus ou moins cohérent et tenace, suivant les procédés adoptés pour l'écrasage ou la trituration des racines. Si dans ces préparations préalables l'on n'a point eu recours à la râpe, l'on retrouve presque intact le long pivot ou queue qui, long de 20 à 25 centimètres, présente une sorte de faisceau de fils d'une consistance extraordinaire. L'abondance de ces pivots, auxquels la distillation n'a rien enlevé, indique tout d'abord les applications multiples dont ils pourraient être susceptibles. — Doit-on les détacher des bulbes avant le râpage ou l'écrasage, et, les traitant comme matière textile, leur faire subir des préparations toutes spéciales? Doit-on leur laisser traverser les diverses phases de la distillation, dont les réactions chimiques peuvent faciliter ou contrarier leur blanchiment ou leur désagrégation ultérieure? Des expériences plus complètes nous paraissent nécessaires pour résoudre ces questions encore pleines d'inconnu. Mais, quel qu'en soit le résultat, nous pensons qu'il ne convient pas de séparer cette partie essentiellement textile des autres résidus de la distillation. Dans ces résidus existent, en effet, des éléments textiles qui, tous, peuvent être utilisés. C'est d'abord le faisceau filamenteux qui, partant du collet, se prolonge à travers le tubercule pour venir aboutir au pivot; c'est le tissu cellulaire dans lequel se trouvaient les matières alcoolisables; c'est enfin l'épiderme cortical lui-même qui, quoique offrant tous les caractères d'un ligneux, est cependant susceptible d'être converti en une pâte d'une certaine cohésion.

L'ensemble de ces faits et la constitution physique des diverses parties de la racine, après l'extraction de l'alcool, devaient ouvrir les yeux sur la possibilité d'utiliser les résidus pour la fabrication des pâtes à papier, à carton ou de moulage. L'étude de la tige et des feuilles vient encore corroborer cette espérance. Pour la tige, lorsqu'elle est fraîche, sa consistance, jointe à sa flexibilité, prouve qu'elle renferme une fibre textile d'une grande tenacité. L'épiderme qui recouvre le bois se déchire facilement, mais en laissant reconnaître l'existence d'une sorte de pellicule soyeuse et cotonneuse qui existe encore lorsque la tige est complétement desséchée. Enfin, au dessous de cet épiderme se trouve une moelle qui, fraîche, présente une tenacité remarquable; qui, sèche, offre encore à l'œil bon nombre de fibres parfaitement souples et d'une extrême finesse.

Quant aux feuilles, des expériences multipliées ont permis de constater la belle qualité des fibres textiles qu'elles renferment. Ces fibres, hâtons-nous de le dire, rappellent avec moins d'abondance, mais plus de finesse, les produits que l'on obtient de la feuille de l'aloès, qui, sous ce rapport, peut être considéré comme de la même famille que l'Asphodèle.

IV.

Avec de tels éléments, l'Asphodèle ne pouvait manquer d'offrir aux investigations de l'industrie des applications intéressantes, des produits précieux.

En première ligne de ces nouveaux produits, et par droit d'ancienneté, nous placerons l'alcool d'Asphodèle.

C'est en Algérie qu'ont été tentés les premiers essais pour la distillation des tubercules de cette plante ; c'est là également que ses améliorations successives ont amené cet alcool à un degré de perfection incontestable.

Le 12 juin 1850, MM. Roland Bonnin et Raynaud, de Philippeville, avaient pris un brevet d'invention sous le titre de *Procédé relatif à l'extraction de l'alcool contenu dans l'Asphodèle.*

Plus tard, d'autres brevets étaient également obtenus en France et à l'étranger, soit pour des procédés analogues à ceux déjà connus, soit pour des opérations complétement nouvelles destinées à obtenir les produits alcooliques de l'Asphodèle dans des conditions plus parfaites ou plus économiques.

Aujourd'hui, et sans nous occuper des perfectionnements récemment découverts ou brevetés, la pratique de la distillation de l'Asphodèle se résume dans les opérations élémentaires suivantes :

On lave les racines pour les débarrasser de la terre dont elles sont chargées.

On les écrase sous une méule à huile ou à l'aide de machines spéciales, de manière à les réduire en pâte, avec ou sans addition d'une certaine quantité d'eau.

Le jus qui découle pendant l'écrasage, ou lorsque la pâte a été comprimée à l'aide de presses hydrauliques ou autres, est placé dans des cuves, et soumis à une chaleur déterminée, ainsi qu'à l'action de certains agents propres à activer la fermentation.

Après cette fermentation, on distille, et l'on obtient un alcool propre aux usages alimentaires, d'une qualité analogue à celle que dans le commerce l'on nomme *alcool bon goût*, ou *esprit fin Montpellier*.

Quant à la quantité qu'on en obtient, par rapport aux racines employées, d'après la pratique de plusieurs années, elle est de 8 à 10 pour 100 en volume, malgré l'imperfection encore bien grande des moyens de trituration et de compression, qui laissent de notables quantités d'alcool dans les résidus.

Ces résultats de la distillation de l'Asphodèle en qualité et quantité ont été constatés partout où cette industrie a pu naître, grâce à l'existence de la plante à l'état sauvage.

Lors de la constitution de la Société Sarde, en 1853, MM. B. A. Rossi, chimiste à Turin, et Vincenzo Griseri, préparateur du laboratoire de chimie de l'Université de cette ville, avaient reconnu dans les tubercules d'Asphodèle l'existence de la mannite, de la glucose, du sucre de canne et du mucilage ; d'après leurs expériences, des tubercules, traités par deux distillations successives, avaient produit d'abord 24 1|2 pour 100 d'alcool à 16 degrés (aéromètre Baumé), puis 10 1|2 à 33 degrés (A. B.).

Ultérieurement, le *Journal officiel de Piémont*, indiquant les résultats de nouvelles expériences, affirmait que le rendement, qui avait été de 8 à 9 pour 100 seulement au mois d'août, s'élevait de 12 à 14 lorsque l'on opérait après l'époque de la sève, avec des racines complétement mûres.

En France, à côté des comptes-rendus de nombreux chimistes ou pharmaciens qui s'accordent à déclarer qu'ils ont obtenu dans leurs laboratoires, malgré des moyens très imparfaits, 6, 8, et 10 pour cent d'alcool 3|6, nous voyons les princes de la science porter, sur cette question de l'alcoolisation de l'Asphodèle, leurs investigations les plus minutieuses.

Au mois d'octobre 1854, M. Dumas, sénateur, ancien ministre de l'agriculture et du commerce, membre de l'Institut, professeur de chimie, etc., résume dans les termes suivants le rapport (v. *Pièces justificatives*, n° 1) qu'à la demande de M. le ministre de la guerre, il avait fait sur un échantillon d'alcool d'Asphodèle fabriqué à Damrémont par MM. Vié et Barnaud :

« L'alcool d'Asphodèle, considéré en lui-même, est limpide » et incolore ; son odeur franche est celle de l'alcool même. » Mélangé avec deux fois son volume d'eau, il donne un mé- » lange dont l'odeur offre quelque analogie avec celle que » l'alcool de vin donne en pareille circonstance. Il ne contient » ni acide, ni sels, ni matière huileuse ; il brûle sans résidu, » et sa flamme est parfaitement identique à celle de l'alcool » pur. En résumé, l'alcool d'Asphodèle est d'une qualité très » marchande, d'un titre élevé et d'une pureté qui ne laisse » rien à désirer. On n'a qu'un vœu à former, c'est que l'Algérie » en puisse produire beaucoup de semblable. »

Dans un rapport présenté le 6 novembre 1854 à l'Académie des sciences, M. Clerget, après avoir indiqué les procédés suivis par lui pour ses expériences, déclare que l'Asphodèle a donné par la distillation 8 pour 100 d'alcool absolu en volume, ajoutant que « *c'est* AU MOINS *le double* de ce que l'on » recueille en fabrique en traitant le jus de betteraves. »

M. Clerget, il est vrai, ne pense pas que la pulpe pressée puisse être d'un bon emploi pour la nourriture du bétail, mais il fait remarquer que L'ASPHODÈLE DONNE SI FACILEMENT UN TRÈS BON ALCOOL ET EN TELLE ABONDANCE, que ce ne saurait être un motif pour que la fabrication de cet alcool ne fût d'un très grand intérêt, particulièrement en Algérie, et surtout aussi long-temps que, par suite de la pénurie des produits de la vigne, les alcools se maintiendront au prix excessif qu'ils ont atteint. »

Enfin dans son cours au Conservatoire des Arts et Métiers, leçon du 14 mars 1855, M. Payen reconnut que l'alcool d'Asphodèle, comparé à celui de la betterave, est presque égal en qualité et d'un rendement proportionnellement plus abondant, soit 8 à 9 pour 100 au lieu de 5; mais il ne lui accorde d'être d'une production fructueuse que tant qu'on pourra extraire et utiliser l'Asphodèle sauvage.

« Par l'abondance et la qualité des résidus que l'on obtient de la betterave après sa distillation, ajoute M. Payen, la production de cet alcool se trouve dans des conditions telles, que l'Asphodèle, dont les résidus ne peuvent être utilisés, ne saurait soutenir la concurrence. Il n'est donc pas possible de songer à cultiver cette dernière plante, et les terrains que l'on voudrait y consacrer seront plus fructueusement employés par d'autres cultures. »

Plus loin, nous appellerons de ce jugement quant aux résidus et à la culture de l'Asphodèle, en faisant connaître les nouvelles applications de cette plante et l'emploi de ces résidus après sa distillation. Ici nous devons considérer seulement la production de l'alcool.

Ainsi que nous l'établissons en détail dans la note n° 2, le prix de revient d'un hectolitre d'alcool d'Asphodèle, dans une distillerie produisant de 30 à 40 hectolitres par 24 heures, est d'environ 25 francs, qui se décomposent ainsi qu'il suit :

1° Achat de la matière première rendue à l'usine, à raison de 3 fr. le mètre cube. Pour 1,200 kilogr. . .	10 fr.	» c.
2° Main-d'œuvre pour les préparations diverses, y compris la distillation et les frais qu'entraînent les machines substituées à la force humaine ou des animaux	5	»
3° Combustible pour la distillation.	3	»
4° Logement du produit, embarillage.	4	25
A reporter . . .	22	25

Report . . .	22	25 »
5° Frais généraux, intérêt du capital employé et amortissement.	3	50
Total. . .	25 fr.	75 c.

Aujourd'hui, de l'aveu des hommes qui font autorité, l'alcool obtenu de la betterave par les procédés ordinaires revient de 80 à 100 fr. l'hectolitre.

En employant le procédé Champonnois, ce prix est, d'après le rapport de M. Clerget, de 46 fr. 60 cent.; mais il s'élèverait à 86 fr. 60 cent. si l'on ne tenait pas compte de 2,000 kil. de pulpes macérées, évaluées 40 fr.

La comparaison de ces chiffres : d'un côté, 25 fr., de l'autre 46, 86 et 100 fr., prouve mieux que toute argumentation la supériorité de l'alcool d'Asphodèle au point de vue économique.

Et cependant, dans les évaluations qui précèdent, nous n'avons tenu compte — ni des améliorations récentes introduites ou proposées pour la distillation, la préparation et la conservation des racines, — ni des avantages résultant de l'exploitation de la plante *cultivée*, — ni de l'utilisation des résidus, qui jusqu'ici ont été considérés comme sans valeur; et ce sont là des causes de réductions importantes dans le prix de revient.

Quant à ces améliorations, il pourrait résulter de leur divulgation quelques inconvénients, au point de vue de la concurrence et des droits des inventeurs. Nous n'en parlerons donc point ici.

Pour la culture, plus loin nous en démontrerons les bénéfices.

Quant à l'emploi des résidus; leur application à la confection des pâtes à papier, à carton ou de moulage, constitue un fait industriel considérable, dont nous allons tâcher de faire apprécier toute la portée.

V.

Depuis déjà plusieurs années, la rareté et le prix toujours croissant des chiffons préoccupent, non sans raison, les producteurs et les consommateurs. Ce qui valait à peine 25 à 30 fr. il y a dix ou quinze ans se paie aujourd'hui en France 45 et 50 fr., en Angleterre 60 et 70. Sur les marchés d'Italie, l'Amérique, qui nous envoie son coton, vient enlever le chiffon à des prix tels, que l'industrie locale manque parfois de matière première.

Préoccupées de cette situation menaçante, des sociétés industrielles ou savantes ont proposé des prix pour la découverte de matières végétales pouvant servir à fabriquer des pâtes à papier; des entreprises particulières ont offert des primes à faire honte à des gouvernements (le journal anglais *the Times* promet 125,000 fr. à qui lui apportera une telle découverte); enfin un homme bien connu des inventeurs, dont il a été toujours le défenseur dévoué et souvent le guide éclairé, M. Jobard, directeur du musée de Bruxelles, vient jeter le cri d'alarme : *Le papier manque !* et nous prouver que cette situation doit tendre à s'aggraver encore.

« Il se passe, dit-il, dans certaines industries, des phénomènes imprévus qui les gênent et arrêtent quelquefois leur essor au moment où l'on s'y attendait le moins : c'est quand la matière première, bien que très abondante, est limitée et ne se renouvelle pas en rentrant dans la circulation, comme font les métaux, le verre, le caoutchouc, etc., dont les débris peuvent se refondre indéfiniment. L'industrie du papier de chiffons de lin pur en est arrivée là depuis plus de cinquante ans, c'est-à-dire depuis que chaque individu emploie plus de papier qu'il ne produit de chiffons. — Le coton, qu'on rejetait comme impropre, est venu heureusement au secours du chanvre, ainsi que les vieux câbles de marine débouillis. Malgré tout cela, et bien que toute la population de l'Europe soit occupée jour et nuit à fabriquer de vieux chiffons, la pénurie s'en fait vivement sentir en ce moment en Belgique, en France, en Angleterre et dans tous les pays où l'imprimerie a pris un essor constant, qui ne se ralentit pas, malgré les impôts sur la pensée, comme les Anglais appellent le timbre des journaux... »

« ... Il est grand temps de chercher des succédanés ou des surrogats à la pâte à papier. — On a songé à la paille, aux fibres du palmier, aux feuilles du maïs, à la pulpe de betteraves, aux copeaux de bois, aux orties, etc.; on a mêlé du plâtre, des terres et autres substances minérales, aux fibres végétales; mais comme la pâte se vend au poids et que les mélanges nuisent à la solidité du papier, ce sont là de véritables adultérations qu'on devrait empêcher.

« ... Nos fabricants de papier sont aux abois et les journalistes également.

« Deux voies sont ouvertes : il faut ou trouver une matière première inépuisable et à bon marché, ou faire servir le vieux papier jusqu'à extinction par une rotation continue, en cherchant à blanchir le papier imprimé et le lavant comme le font les Chinois. »

Entre ces deux voies, peut-être dans l'intérêt des lecteurs futurs, devrait-on préférer la seconde et imiter les Chinois. Cependant il sera plus économique, et surtout plus charitable pour les auteurs du temps présent, de chercher dans le règne végétal une matière dont l'abondance, et surtout le bon marché, puissent donner toute sécurité pour l'avenir.

Ce problème nous paraît aujourd'hui en grande partie résolu, sans qu'il soit besoin de demander primes ou encouragements aux gouvernements, dont les administrations paperassières absorbent cependant, d'après le spirituel publiciste belge, tous les chiffons disponibles, laissant à peine quelques guenilles aux pauvres auteurs.

Voici qu'après avoir donné de l'alcool bon goût, de la meilleure qualité, l'Asphodèle offre une matière propre à la fabrication de toutes espèces de papiers ou cartons; — voici qu'après avoir largement payé tous les frais de culture, récolte, transport, toutes les manipulations nécessaires pour la distillation, manipulations indispensables pour la confection des pâtes, — avoir payé un déchet qui, quelque considérable que l'on veuille le supposer, laisse toujours *pour rien* une quantité énorme de matières utiles (5 à 6,000 kilogrammes au moins par jour pour une distillerie normale), — voici que cette même plante, ou plutôt ses résidus, deviennent à leur tour matière première pour une seconde fabrication.

Plus loin, nous reviendrons sur ce fait fort important et fort rare en industrie, lorsque nous examinerons la question au point de vue du prix de revient des pâtes d'Asphodèle; ici nous devons faire seulement observer toute l'importance de cette double production, dont la première a payé partie des frais de la seconde; — de cette double production, dont la seconde utilise les résidus de la première, qui sans cela n'auraient aucune valeur; — de cette double production enfin, qui d'une même plante obtient deux produits également nécessaires à la consommation de tous les temps et de tous les lieux : *alcool* et *papier!* (Note n° 3.)

Papier et carton, ou plutôt pâte à papier, à carton ou de moulage, tel est en effet le second produit que l'on peut extraire de l'Asphodèle après sa distillation, produit qui utilise les résidus des tubercules, et de plus permet d'employer avec avantage la tige et les feuilles de cette plante.

Par quelle série d'essais est-on arrivé à cette application si importante des diverses parties de l'Asphodèle? Dans un mémoire spécial sur cette question, nous entrons dans tous ces détails, inutiles ou même inopportuns dans cette notice sommaire. Le seul fait essentiel à constater ici, et sur lequel nous insisterons, c'est la *possibilité* d'utiliser, *avec économie*, les résidus, la tige et les feuilles de l'Asphodèle, pour la confection du papier et du carton.

L'examen attentif de la plante, et surtout des résidus des tubercules après la distillation, permet tout d'abord de reconnaître la *possibilité* de cette application.

Ainsi que nous l'avons dit au § III, lorsque l'on examine avec attention la constitution physique des résidus de l'Asphodèle, ainsi que de la tige et des feuilles, on y reconnaît tous les ments d'une textilité essentiellement favorable pour la production des pâtes dont il s'agit.

Le faisceau filamenteux qui du collet se prolonge jusqu'à l'extrémité inférieure du pivot, le tissu cellulaire de l'intérieur du tubercule, qui, dégagé des matières fermentescibles et alcoolisables, ne présente plus que des parois d'une contexture fibreuse, enfin même le tissu ligneux, et cependant un peu fibreux, qui forme l'enveloppe corticale du tubercule, — contiennent en abondance les éléments d'une pâte cotonneuse, fibreuse, de la nature de celles que l'on emploie pour la fabrication des papiers, cartons ou pâtes de moulage.

Ces éléments, il est vrai, présentent des différences assez notables dans leur composition, leur consistance, leur tenuité, etc., suivant la partie de la plante à laquelle ils ont appartenu. Ainsi, tandis que les filaments du faisceau intérieur et du pivot ont toute la longueur et la consistance du lin et du chanvre, le tissu cellulaire n'a plus, après la distillation, qu'une fibre courte, soyeuse, mais d'une grande cohésion plastique ; le tissu ligneux de l'écorce est cassant, rebelle à la cotonisation, et présente des conditions analogues à celles qui jusqu'ici ont rendu si difficile le traitement de la paille pour la confection du papier.

Ces différences peuvent, il est vrai, être nuisibles, si l'on veut former des pâtes complétement homogènes ; mais, outre qu'il est facile, par des moyens mécaniques, de séparer ces éléments divers, l'on a déjà reconnu, dans la pratique, l'utilité de ces dissemblances dans la qualité des pâtes, qui permet d'allier la force, que seuls peuvent donner des filaments longs et tenaces, à une finesse que l'on rencontre dans des matières souples et soyeuses.

Si de la racine, ou plutôt de ses résidus après la distillation, nous passons aux feuilles et à la tige, nous trouvons encore des éléments tout à fait convenables pour la confection de pâtes à papier, à carton ou de moulage. Ici, seulement, nous ne sommes plus en présence de conditions aussi exceptionnelles quant à la valeur de la matière première. Tiges et feuilles, en effet, doivent supporter tous les frais des préparations qu'elles devront recevoir pour donner un produit ; ces frais, il est vrai, sont peu considérables, surtout si l'on cultive la plante pour ses racines, auquel cas feuilles et tige sont un produit supplémentaire qui ne coûte que la fauchaison. Mais, quels qu'ils soient, il est certain que ces parties de la plante viennent, avec une grande utilité, s'ajouter aux résidus des tubercules pour entrer dans la composition des pâtes qu'il s'agit de produire.

Trois opérations sont nécessaires pour convertir en pâte toute matière dont on veut obtenir du papier ou du carton.

1° La séparation des matières utiles de celles qui ne le sont point ;

2° Le blanchiment ;

3° La réduction des matières utiles en pâtes suffisamment consistantes et tenaces pour donner le produit désiré.

Ces trois opérations peuvent avoir lieu dans des conditions très favorables pour le traitement des résidus, tiges et feuilles de l'Asphodèle.

Quant à la première opération, c'est ici le lieu d'observer que, du moment où l'on doit utiliser les résidus pour la fabrication du papier ou carton, il convient, dans les diverses préparations que subit la racine, d'éviter tout ce qui pourrait avoir pour conséquence, soit de détruire la fibre qui constitue les filaments textiles, soit d'en diminuer la consistance. C'est ainsi que, pour la trituration des tubercules, l'on devra préférer l'écrasage à l'emploi des râpes, qui réduisent la matière en pulpe sans cohésion ; l'on devra en outre opérer sur la matière étendue d'eau de manière à conserver aux fils une humidité qui leur donne plus de souplesse et les rend moins cassants, tout en obtenant une extraction plus complète des jus fermentescibles.

Ce point réservé, reconnaissons, en ce qui concerne la racine, qu'elle a subi, pour la distillation, toutes les préparations nécessaires pour la dégager des parties inutiles à la fabrication des pâtes. Il ne reste plus au sortir des presses qu'à soumettre le résidu à des lavages assez énergiques pour le débarrasser des matières étrangères qui auraient échappé à cette distillation.

Quant aux tiges et feuilles, pour séparer les parties utilisables, l'on devra, suivant les produits qu'il s'agit d'obtenir, soit procéder successivement à un rouissage et à un battage comme pour le chanvre ou le lin, soit opérer simultanément par les moyens mécaniques sous l'action d'agents chimiques dégageant les fibres textiles ou cotonneuses des matières étrangères. Dans l'un et l'autre cas, le produit obtenu viendra s'ajouter aux résidus de la distillation pour la confection des pâtes, en observant toutefois de ne point mêler ces éléments divers, qui, au point de vue du blanchiment, présentent des conditions tout à fait différentes.

C'est dans cette seconde opération que se rencontre la seule difficulté du traitement de l'Asphodèle, difficulté qui disparaît du moment où l'on n'a pas besoin d'une décoloration complète. L'enveloppe corticale de la racine, en effet, contient un principe colorant analogue au tannin qui, spécialement sous l'action des acides, se dégage et donne à toute la matière une teinte d'un brun très foncé. Un léger bain de chlorure de chaux suffit, il est vrai, pour faire passer cette couleur à une teinte chamois clair très acceptable pour la fabrication des cartons et papiers de pliage, d'affiches, etc. ; mais, si l'on a besoin d'une décoloration complète, il faut ou séparer, par les moyens mécaniques, cette pellicule corticale, des filaments textiles, ou agir avec des agents chimiques dont l'emploi augmente toujours les frais. L'on peut, hâtons-nous de l'observer, amoindrir cette dépense en utilisant l'action de l'air et de la lumière, que l'expérience a prouvé donner des résultats très prompts et très complets ; mais c'est encore de la main-d'œuvre, et l'on se demande pourquoi chercher une décoloration si complète de cette partie des résidus lorsque l'on peut les utiliser presque sortants de la distillerie.

Mais voici que nous empiétons sur le domaine du papetier ou cartonnier. Arrêtons-nous. — N'oublions pas, en effet, que dans la plupart des cas, eu égard à la quantité énorme de matières à convertir en pâte, il y aura avantage à vendre celles-ci aux usines, qui les transformeront en papier ou carton. Dans l'origine, il est vrai, et jusqu'à ce qu'une pratique de quelque durée ait parfaitement et complétement démontré les avantages et les inconvénients (quel produit n'en offre pas !) des pâtes d'Asphodèle, l'on devra les utiliser directement et fabriquer soi-même. — Mais cette obligation doit être une source précieuse de bénéfices, si l'on s'applique à obtenir des produits qui n'aïent point à souffrir : ni de l'imperfection naturelle, nécessaire, d'une industrie naissante, ni des modifications et améliorations successives qu'elle doit recevoir ; si l'on s'applique à utiliser la quantité considérable de matière dont on peut disposer, de préférence à poursuivre des produits parfaits et de luxe. — En l'état, les pâtes d'Asphodèle conviennent merveilleusement pour la fabrication des cartons de toutes qualités, spécialement pour les cartes fines et cartons à lustrer les étoffes, pour les papiers de pliage, d'affiches, etc., etc.. enfin pour tout produit qui n'exige pas une blancheur complète, mais demande de la consistance, de la ténacité et surtout du brillant.

L'abondance de la gomme qui se trouve dans les pâtes d'Asphodèle permet, quant à ce dernier point, d'espérer des résultats exceptionnellement favorables. Toutes les expériences ont, en effet, démontré l'existence de ce principe gommeux ; le papier que nous avons obtenu en contient une proportion telle que l'encre n'y boit pas, même en ajoutant 10 et 20 p. 100 de chiffon. Quant au carton, il en reçoit un lustre tout spécial ; l'eau s'y imbibe difficilement et s'écoule sur la surface sans y laisser de trace. Nul doute que la pratique ne trouve dans cette propriété des applications précieuses. — Ajoutons que la carte d'Asphodèle se plie sans cassure, — que papier ou carton donnent un son clair, — qu'enfin ce dernier conserve une transparence analogue, dans une certaine mesure, à celle du papier végétal, mais sans avoir l'inconvénient de se rompre ou de se déchirer comme celui-ci.

Mais pourquoi insister sur ces propriétés ? La meilleure explication, c'est le spécimen que nous joignons à cette notice sommaire (1), et dans lequel nous réunissons divers échantillons de papiers et cartons d'Asphodèle.

Le n° 1 est un papier composé de pâte d'Asphodèle pure et sans aucun mélange.

Dans les n°s 2, 3, 4 et 5, l'on y a ajouté 5, 10, 20 et 50 p. 100 de chiffon.

Pour ces cinq échantillons, la pâte comprend, dans des proportions indiquées, résidus, tiges et feuilles.

Le n° 6 nous présente un papier formé avec la pâte des feuilles et tige seules, sans mélange de chiffon ni des résidus;

Le n° 7, la même pâte mélangée avec du chiffon.

Enfin, les n°s 8, 9, 10, 11 et 12, sont des spécimens de carte et carton d'Asphodèle, pur ou mélangé avec de la corde, du plâtre ou du chiffon, à diverses doses.

Mais à quel prix, nous dira-t-on, peut-on produire ces papiers, ces cartons? La *possibilité* de fabriquer ne suffit pas, il faut encore fabriquer avec *économie*.

Sans entrer dans le relevé minutieux du prix de revient des pâtes d'Asphodèle, ainsi que nous l'avons fait pour l'alcool, relevé qui aurait des inconvénients au point de vue commercial, et qui d'ailleurs ne pourrait pas présenter une exactitude assez rigoureuse, la pratique de cette industrie étant encore

(1) Le cahier contenant les échantillons de papier et cartons d'Asphodèle sera remis aux personnes qui en feraient la demande à la librairie industrielle de M. Carillan-Gœury, quai des Grands-Augustins, n° 49. — Prix : 5 fr.

trop récente, il est facile de montrer la supériorité de ces pâtes comparativement à tous autres produits analogues.

Le prix de revient de toute pâte à papier ou à carton se décompose comme suit :

1° Matière première;

2° Préparations chimiques pour le blanchiment ou la désagrégation de la matière;

3° Préparations mécaniques pour le broyage et la trituration;

4° Frais généraux, intérêt et amortissement du capital.

Dans la fabrication des papiers et cartons de chiffon comme dans ceux d'Asphodèle, les trois derniers articles doivent peu varier. La question à résoudre est donc seulement dans le prix de la matière première.

L'on estime qu'en opérant avec le chiffon, la matière première brute, y compris le déchet du quart au cinquième qu'elle subit dans ses diverses manipulations, représente environ moitié de la valeur du produit fabriqué; l'autre moitié comprend la main-d'œuvre, les ingrédients chimiques, les frais généraux et le bénéfice du fabricant.

Aujourd'hui, le chiffon pour papier blanc vaut de 40 à 45 fr.; pour papier de pliage ou d'affiche, 25; pour carton, 15 à 18: le tout par 100 kil. Le résidu d'Asphodèle enlevé de la distillerie et placé dans un bain de chlorure de chaux, d'où il sort étoupe, coûte 0, plus le prix de ce bain, dont chacun connaît la valeur infime.

Ce chiffre nous paraît trop éloquent pour y rien ajouter. Mais!... — A toute chose nouvelle l'on dit toujours : Mais... — cette matière, aujourd'hui évaluée 0, peut valoir demain 10, 20, 40 f. Du jour où l'on pourra lui donner une application avantageuse, son prix, en s'élevant, fera disparaître tous les avantages qu'on lui attribue aujourd'hui. L'objection serait sérieuse si la distillation de l'Asphodèle pouvait être restreinte, limitée, si la quantité des résidus qu'elle jette dans la consommation n'atteignait pas un chiffre énorme, si surtout la culture de l'Asphodèle n'offrait à tout industriel la certitude d'approvisionner aussi bien ses piles que ses alambics.

Abondance, et partant bon marché; bon marché, et partant abondance : telle est la situation qui résulte forcément de ces diverses circonstances, et qui complète l'ensemble des conditions si favorables à la fabrication des papiers et carton d'Asphodèle : — *Possibilité*, *économie*, *abondance*, — à moins cependant que l'étoupe trouvée dans cette plante ne soit propre au tissage ou à la fabrication des cordes; et encore ce ne serait qu'un retard pour arriver à la cuve à papier!

VI.

ALCOOL ET **PAPIER**. — Assurément, il y a dans la réunion de ces deux industries, trouvant successivement leur aliment dans une même plante, de quoi satisfaire les exigences les plus grandes, de quoi donner les résultats les plus favorables, et cependant ce ne sont pas les seules applications de l'Asphodèle. Une fois entré dans la voie des investigations, il est rare, en effet, que l'on ne rencontre pas beaucoup d'imprévu. Nous avons été amenés ainsi à reconnaître dans cette plante de nouvelles propriétés ou applications que nous croyons devoir indiquer, ne fût-ce que pour fermer la porte aux prétentions qui pourraient surgir à l'ombre de brevets immérités.

Ainsi que déjà nous l'avons signalé, la portion des résidus

de la racine de l'Asphodèle la plus utile dans la confection des pâtes à papier et à carton est cette partie textile qui, descendant des feuilles et de la tige, traverse l'intérieur du bulbe, soit au centre, sous forme de faisceau, soit latéralement, en garnissant les parois de l'enveloppe corticale, puis se prolonge sur une assez grande longueur sous forme de pivot allant puiser dans le sol les sucs nourriciers de la plante.

Lorsque cette partie, essentiellement textile, des résidus, n'a pas été détruite par l'action des râpes, pour la distillation, elle forme, après avoir subi un premier bain alcalin léger, et avoir été séparée des parties ligneuses de l'écorce, par les procédés expliqués au paragraphe précédent, une sorte d'étoupe, applicable aux mêmes usages que les étoupes de chanvre, et spécialement propre à la confection des cordes et cordages.

A cet usage peuvent également servir les tiges et feuilles de l'Asphodèle, après certaines préparations. — L'on retrouve en effet, dans ces feuilles et tiges, ce même faisceau textile que nous venons de signaler dans les tubercules. Des expériences minutieuses ont, sur ce point, donné les résultats les plus concluants, soit que l'on ait opéré sur des feuilles et tiges naissantes, soit que l'on ait expérimenté sur les résidus des feuilles de l'année précédente.

Pour les tiges *fraîches*, elles donnent également, après avoir été macérées à l'aide des agents chimiques, une fibre qui ne manque ni de finesse ni de consistance. Dans l'un et l'autre cas, les produits ainsi obtenus se blanchissent avec une facilité et une perfection très grandes, ainsi que nous l'avons déjà signalé.

De ces faits peut-on déduire que l'Asphodèle est une plante textile? En l'état, nous ne le pensons pas. — Cette textilité n'est point en effet de la même nature que celle du chanvre ou du lin : la fibre est trop courte, trop délicate. Tout indique, il est vrai, qu'elle pourrait être cotonisée avec succès, et des expériences dans cette voie se poursuivent en ce moment ; mais quel qu'en soit le résultat, si l'on peut dès maintenant considérer que la tige et les feuilles de l'Asphodèle peuvent très utilement s'ajouter aux étoupes dont nous signalions ci-dessus l'existence, ou figurer comme un élément précieux pour la confection des pâtes à papier, nous ne croyons pas que l'on puisse en obtenir *économiquement* un fil susceptible d'être tissé.

Du reste, l'emploi des racines, tiges et feuilles de l'Asphodèle, pour la confection des pâtes à papier, à carton et de moulage, offre un champ assez vaste, comme industrie annexe de sa distillation, même comme industrie principale, pour qu'il ne soit pas besoin d'y chercher une troisième *applicabilité.* — Pour ces dernières, en effet, la tige peut être tout entière utilisée ; l'espèce de moelle qu'elle renferme, qui n'est ni tout à fait textile, ni complétement ligneuse, donne, à la suite d'insignifiantes préparations, une pâte plastique à laquelle il est facile d'ajouter une consistance plus ou moins grande, en y mêlant des feuilles, ou la partie corticale des résidus.

Cette pâte, d'après les essais faits, peut, soit seule, soit mélangée d'autres substances usitées dans ces préparations, remplacer le carton, aussi bien pour fabriquer des jouets que pour modeler des statuettes, des ornements, etc. — De plus, la facilité de lui donner toutes couleurs, et d'y incruster toutes espèces de substances, métal, bois ou pierre, permettrait d'en faire la base d'une fabrication analogue à celle qui aujourd'hui a substitué le caoutchouc durci au bois ou à l'écaille.

Ajoutons enfin que, pour l'application et la conservation des peintures de toute espèce, cette pâte, composée des mêmes éléments que le papier, offrirait des avantages incontestables.

Dans un autre ordre de faits, l'Asphodèle présente encore des produits intéressants. L'enveloppe corticale de la racine, placée dans un vase clos et soumise à l'action d'un feu soutenu, a produit d'abord un gaz d'éclairage parfaitement inodore, puis un charbon remarquable par sa finesse, sa douceur et surtout la rondeur de son grain. — Ce charbon peut, par ses qualités absorbantes et décolorantes, devenir un véritable produit industriel.

Des tubercules entiers, soumis à une expérience analogue, ont donné des résultats identiques. — Dans l'un et l'autre cas la proportion des résidus charbonneux s'est élevée à environ 33 pour 100, tandis que pour le bois, dans des conditions semblables, elle n'est que d'environ 25.

Dans diverses localités l'on a essayé d'extraire de la potasse des résidus de la racine après sa distillation; ailleurs on s'en sert pour la tannerie; enfin, dans plusieurs usines l'on en a fait usage comme combustible pour chauffer les fourneaux, mais après y avoir préalablement mêlé un peu d'argile pour en former des briquettes.

Si nous sortons du laboratoire, nous voyons, en quelques localités, utiliser les tiges de l'Asphodèle, comme de l'osier, pour en faire des paniers; enfin la fleur et les fruits seraient, à ce qui nous a été affirmé, recueillis dans certaines localités pour des usages de médecine domestique.

Ces applications diverses peuvent, il est vrai, apparaître comme exclusivement spéculatives et comme n'étant point susceptibles de descendre dans le domaine de la pratique. — Sur ce point, nous nous abstiendrons de tout jugement et attendrons que la lumière ne se fasse sur ces points. L'Asphodèle, en effet, doit aujourd'hui prendre place parmi les plantes utiles, et, à ce titre, les investigations de la science ne lui feront point défaut.

VII.

Les applications si précieuses de l'Asphodèle ne pouvaient manquer d'attirer l'attention des capitalistes, des industriels, et même des spéculateurs.

Déjà, avant que l'on eût reconnu la possibilité d'utiliser — les résidus pour la confection des pâtes à papier, à carton et de moulage — la tige et les feuilles pour en tirer une matière textile, le prix élevé des alcools, et les ravages persistants de la maladie de la vigne, avaient suffi pour faire considérer l'Asphodèle comme une plante susceptible d'être exploitée avec avantage pour une distillation dont l'expérience prouvait tous les avantages. C'est ainsi qu'à la suite des résultats favorables obtenus à Philippeville, nous voyons des distilleries spéciales d'Asphodèle s'établir à Oran, à Alger (*Moniteur* français du 22 octobre 1854). Près de Montpellier, l'Asphodèle est distillée en grand dans l'établissement de M. Verdier à Pignace, tandis que dans le voisinage l'on met à profit l'imperfection d'une première distillation en traitant les marcs, dont l'on obtient des produits importants.

Dans d'autres localités, l'Asphodèle devient un aliment passager de travail pour des distilleries, que la pénurie des vins et la prohibition de distiller les céréales condamnerait à un ruineux chômage.

Tandis qu'en France ces essais, quoique pratiqués sur une petite échelle, devenaient un excellent programme pour la distillation de l'Asphodèle, quelques spéculateurs allaient exploiter à l'étranger, et les procédés brevetés pour cette distillation, et les espèces de gisements de cette plante, qui, nous l'avons vu, se trouve en abondance sur le littoral méditerranéen.

Vers la fin de 1853, une société s'était constituée à Gênes, au capital de 1,200,000 francs, pour l'exploitation de cette industrie dans l'île de Sardaigne. Immédiatement elle s'était mise à l'œuvre, avait fait juger la qualité de ses produits, et les habitants de cette contrée, quoique peu habitués aux bienfaits de l'industrie, n'avaient pas tardé à lui donner le concours le plus efficace.

De son côté, le gouvernement, comprenant tout l'intérêt que pouvait avoir pour le pays cette branche nouvelle de production, qui devait assurer une main-d'œuvre fructueuse à des populations manquant souvent de travail, avait témoigné à cette compagnie toute sa bienveillance par des concessions importantes.

L'opinion publique ne tarda pas à comprendre tout l'avenir de cette opération, et les actions de cette société devinrent bientôt l'objet d'une faveur qui se soutint pendant près d'une année, ainsi que l'on peut en juger par le relevé ci-joint des cotes maximum et minimum de ces actions durant la période de janvier à novembre 1854 (1).

(1) Mois de Janvier.	25 fr. versés.	Cote minimum	125	Cote maximum 145
— Février.			125	180
— Mars.	50 fr. versés.		142	170
— Avril.			142	154
— Mai.	75 fr. versés.		120	155
— Juin.			145	150
— Juillet.	100 fr. versés.		160	175
— Août.	Non cotées, la Bourse de Gênes étant fermée			
— Septemb.	par suite du choléra.			
— Octobre			141	175

Par quelles causes cette faveur s'est-elle, dans ces derniers temps, ralentie? Nous n'avons point à l'examiner ici, surtout lorsque nous voyons la Société, après avoir modifié son administration, décider l'établissement de nouvelles usines et l'émission de nouvelles actions, immédiatement souscrites.

Quels qu'aient été, du reste, le but ou les causes de ces péripéties de la Société sarde, tandis qu'elle fondait ou développait ses usines, des distilleries d'Asphodèle s'établissaient sur divers points de l'Italie.

A Palerme, c'est un Français, M. Guibert, qui, avec le concours de riches propriétaires, forme un établissement qui distillera 40 hectolitres par jour.

A Rome, le prince de Caserta installe à Cisterna, dans les Marais-Pontins, une distillerie d'Asphodèle pour laquelle il fait venir de France ouvriers et machines, tandis que les inventeurs français, MM. Vié et Barnaud, obtiennent le privilége de produire et vendre ce nouvel alcool dans l'enceinte de la ville éternelle.

En Toscane enfin, la distillation de l'Asphodèle vient prendre rang parmi les industries nationales, et envoie ses produits aux expositions de Florence et de Paris. Là, en effet, l'abondance de la matière première a permis de donner un rapide essor à cette fabrication. A Livourne, à Orbitello, de petites usines distillent l'Asphodèle, ou en font la base de produits intéressants (le catalogue de l'exposition de Florence indique les eaux de Cologne et liqueurs faites à Orbitello avec l'alcool d'Asphodèle), tandis que la Société franco-italienne, grâce aux concessions qu'elle a obtenues des gouvernements de Toscane et de Parme, du droit d'arracher l'Asphodèle sur plus de 50,000 hectares, prélude au plan, peut-être un peu vaste, de ses opérations (*voir note n° 4*), en construisant sur le port

3

même de la ville de Porto-San-Stefano une usine montée pour une production de 48 hectolitres d'alcool par vingt-quatre heures.

A ces faits accomplis peut-être devrions-nous ajouter ceux dont la réalisation semble prochaine, et enregistrer à côté des Sociétés sarde et toscane la Compagnie française, qui compte exploiter en Algérie, en Corse et aussi en France, l'Asphodèle sauvage et cultivée; la Société espagnole, qui déjà a obtenu en Portugal le double privilége pour la distillation et la fabrication des pâtes, et en Espagne ce dernier brevet. Mais ces deux Sociétés se fondent en vue de la double production de l'alcool et du papier; à ce titre leurs opérations n'appartiennent point au passé, elles sont du domaine de l'avenir.

VIII.

Jusqu'ici, en effet, l'alcool avait été considéré comme le seul produit que l'on pût obtenir de l'Asphodèle. — L'impossibilité présumée d'utiliser les résidus des racines après leur distillation, la persuasion que les tiges et les feuilles ne pouvaient recevoir aucune application fructueuse, enfin, avouons-le, l'indifférence et presque l'ignorance dans laquelle l'on était sur la végétation de cette plante, les facilités de sa reproduction artificielle, les possibilités de sa conservation, les avantages notables à tirer de sa culture, — tout semblait devoir condamner à une faveur éphémère cette plante, dont par hasard et passagèrement l'on acceptait les bienfaits. — Pour considérer l'Asphodèle comme la base d'une exploitation sérieuse, durable, exigeant des travaux dispendieux, il fallait des conditions toutes différentes de celles dans lesquelles l'on s'était placé jusque alors. Quoi de plus rationnel, en effet, que d'hésiter à prendre pour point de départ d'une spéculation importante une plante dont les propriétés étaient encore incertaines, même contestées dans le domaine scientifique, dont la production régulière et en quantité suffisante pouvait faire naître tout au moins de prudentes appréhensions? Agir autrement, dans les conditions ordinaires, c'eût été s'exposer à des mécomptes sérieux.

Sauf le cas, très exceptionnel, d'existences considérables en racines sauvages à proximité des usines, de marchés ou de concessions donnant toute sécurité pour des approvisionnements suffisants, une distillerie d'Asphodèle d'une certaine importance ne peut être établie qu'à condition de pouvoir employer utilement les résidus obtenus après la distillation, et allier cette distillation avec l'alcoolisation d'autres plantes, de manière à éviter tout chômage et utiliser les bras, les machines et les terrains destinés à la production ou à la manipulation de l'Asphodèle.

Jusqu'à présent l'on n'avait pu donner satisfaction à cette double exigence. Des usines exclusivement consacrées à la distillation de l'Asphodèle étaient, *sauf de rares exceptions*, impossibles, irrationnelles.

La possibilité d'obtenir artificiellement l'Asphodèle, de produire économiquement les tubercules propres à la distillation, enfin d'utiliser non seulement le résidu de ces tubercules, mais encore la tige et les feuilles, permet aujourd'hui d'affirmer que l'Asphodèle peut et doit devenir la base d'opérations régulières et durables, dont le succès sera d'autant plus grand que l'on se sera attaché avec plus de soin à fonder la production industrielle sur la production agricole.

Un homme d'une grande autorité en pareille matière,

M. Payen, membre de l'Institut, secrétaire perpétuel de la Société impériale et centrale d'agriculture, s'est, depuis qu'il s'agit de l'alcoolisation de la betterave, attaché à démontrer que la fabrication de ce produit industriel doit avoir lieu au sein même des exploitations rurales, que là il peut être obtenu dans les conditions les plus économiques et les plus avantageuses. Par cette alliance, en effet, le cultivateur peut livrer l'alcool à un prix excessivement réduit, et en même temps obtenir une rente plus élevée de son terrain, une alimentation abondante pour ses troupeaux, enfin un accroissement constant de la fertilité du sol. — Ce système des distilleries agricoles, dont les importantes découvertes de MM. Clerget, Champonnois et autres, doivent favoriser l'établissement, qui seul nous paraît applicable partout où le prix élevé et la fertilité du terrain, l'abondance des engrais et de la main-d'œuvre, permettent de consacrer au sol un capital élevé ; ce système nous paraît pouvoir être utilement imité pour la distillation de l'Asphodèle et l'exploitation des industries qui s'y rattachent.

Dans nos vues et d'après nos études persévérantes sur les habitudes de cette plante et les ressources qu'elle présente, cette distillation doit se rattacher non pas seulement à l'exploitation de la racine à l'état sauvage, mais à sa culture régulière sur des terrains que l'on ne saurait utiliser plus avantageusement.

L'on ne peut le méconnaître, en effet, si la théorie conseille d'adopter partout une agriculture perfectionnée, demandant au sol tout ce qu'il peut produire, parfois même plus, la pratique prouve qu'il faut toujours compter avec une foule de circonstances, plus ou moins prévues, qui contraignent de renoncer à des améliorations très séduisantes, mais seulement impossibles; à des cultures perfectionnées très logiques, mais seulement impraticables. Pour ne citer que quelques exemples, plus particulièrement applicables à la plante dont nous nous occupons, comment cultiver la betterave sous le climat brûlant de l'Afrique, de la Corse ou de l'Italie centrale, dans des plaines marécageuses et pestilentielles où l'homme ne peut pénétrer en été sans courir risque de sa vie, sur des coteaux escarpés, au milieu de rochers rebelles à toute culture, dans des bruyères incultes ou dans des relais de mer encore imprégnés de principes salins? comment la cultiver, même sur des terrains fertiles, et dans des localités où toutes les conditions agricoles semblent réunies, lorsque manque la population?

Dans de telles conditions, la betterave, comme le sorgho, comme tant d'autres plantes alcoolisables, est impossible, alors que l'Asphodèle vient offrir des ressources inespérées.

Ne nous hâtons donc point de proscrire cette plante, que recommandent ses applications intéressantes, aussi bien que sa rusticité et les conditions spéciales dans lesquelles on peut la propager; et, tout en reconnaissant la supériorité de la betterave dans les contrées où l'agriculture trouve des bras, des capitaux et un sol favorable, admettons que dans certaines circonstances l'Asphodèle peut et doit devenir une plante précieuse pour utiliser d'immenses territoires, transformer des contrées tout entières.

Mais, diront quelques incrédules, la culture de l'Asphodèle est-elle possible? la lenteur de sa végétation n'est-elle pas un obstacle dérimant à toute exploitation?

A ces raisonnements, possibles il y a quelques mois, alors qu'en dehors des hommes de science l'on ignorait en général les conditions les plus élémentaires de la végétation de l'Asphodèle, — aujourd'hui inadmissibles, — nous répondrons par des faits, faits constatés par des expériences faites avec tous les soins désirables, spécialement au jardin botanique impérial et royal *dei simplici* à Florence.

L'Asphodèle n'est ni un tubercule inconnu comme la truffe, ni un champignon d'une reproduction capricieuse : c'est un oignon de la famille des liliacées, présentant pour sa végétation les mêmes caractères que la jacinthe, le dahlia et autres plantes analogues. De Jussieu reconnaît, il est vrai, que la germination de l'Asphodèle a été peu étudiée, et divers auteurs signalent la lenteur de son développement; mais de là il y a loin à prétendre, ainsi que l'on l'a fait, que sa reproduction artificielle est impossible.

L'Asphodèle se reproduit de graines, de cayeux, éclats ou drageons. Si l'on étudie un sujet récemment arraché, l'on y reconnaît que les tubercules, attachés à une sorte de souche (plateau intermédiaire entre le bulbe et la racine : Richard, *El. de Bot.*), s'en échappent latéralement et par étages; que chaque année les tubercules inférieurs se pourrissent ou se dessèchent, pour faire place à des tubercules qui, à leur tour, sortent de la partie supérieure de cette souche, offrant ainsi, sur le même pied, des tubercules frais et l'enveloppe ligneuse d'un certain nombre de racines décomposées. Maintenant, combien de temps demande le développement de cette souche? combien s'en écoule-t-il entre la naissance et la décomposition des tubercules? Ce sont là des faits encore incomplétement observés, ou mieux encore, des faits qui varient suivant les climats et la latitude où végète la plante. C'est ainsi qu'en Toscane les tubercules peuvent se développer complétement dans l'espace de six mois seulement, tandis qu'en France une année semble nécessaire.

Quant à la souche qui porte ces tubercules, il paraît avéré, quelle que soit la latitude, que deux ou même trois ans sont nécessaires pour qu'il s'y forme une certaine quantité de tubercules. Eu égard à ce fait, l'arrachage des racines ne doit avoir lieu que tous les trois ans, pour laisser à la plante le temps de prendre un développement suffisant. Cette conclusion est logique s'il s'agit du nombre des tubercules; elle ne le serait point si l'on supposait que leur volume augmente, fait, à notre avis, tout à fait inadmissible.

Reste la question de la destruction naturelle des tubercules, dont les débris se retrouvent toujours en abondance pourris ou desséchés sur la souche.

Des observations multipliées peuvent seules éclairer cette question, intéressante à plus d'un titre. Ici, en effet, l'on peut se demander si la production de nouveaux tubercules est corrélative de l'anéantissement des plus anciens; si la séve de la plante, en jetant de nouvelles pousses vers le collet, n'abandonne point la portion inférieure de la souche, qui porte ces générations successives; enfin si la récolte des bulbes, du jour où la plante serait sérieusement cultivée, ne pourrait pas avoir lieu annuellement, utilisant ainsi la propriété qu'elle possède de laisser échapper des pousses nombreuses et très rustiques des yeux situés au collet.

Pour déduire de l'ensemble des faits qui précèdent des conséquences rigoureuses, peut-être faudrait-il une étude plus complète et plus approfondie de la physiologie de l'Asphodèle; néanmoins les expériences faites récemment sur différents modes de reproduire cette plante pourront peut-être, sur ce point, jeter quelque lumière.

Le 16 novembre 1854, quatre épreuves avaient été tentées:

1° Semis de la graine récoltée au mois d'octobre précédent;

2° Plantation des tubercules arrachés à la même époque, séparés de la souche et maintenus frais dans la paille;

3° Plantation de la souche dont on avait enlevé les tubercules ;

4° Plantation de la partie supérieure de cette souche formant collet, en y laissant l'origine des feuilles et de la tige, après avoir enlevé tous les tubercules, mais en conservant tous les yeux.

Le semis fait en novembre est resté tout l'hiver dehors, et, malgré une température exceptionnellement rigoureuse, au 15 avril, c'est-à-dire au bout de cinq mois, il avait parfaitement réussi, et présentait en abondance des pousses tout à fait semblables, quant aux feuilles et aux racines, aux petits oignons d'un jeune plant de ciboule.

La plantation des tubercules a donné des résultats complétement nuls. Pas un n'a présenté trace de végétation.

Quant à la plantation de la souche dégarnie des tubercules, elle n'offrait au 15 avril que quelques bulbes naissants et très petits.

Reste la plantation de la partie de la plante formant collet. Là les résultats ont été des plus complets et des plus satisfaisants. De ce collet, en effet, sont sortis un certain nombre de tubercules d'un volume égal à une grosse cosse de fève, paraissant avoir acquis tout leur développement et pouvoir être distillés avant la pousse du mois d'août.

De ces faits il résulte :

1° Que la plante ne peut se reproduire que de semis ou par éclats et cayeux, non par la plantation des tubercules ;

2° Que la plantation des yeux existant au collet donne des tubercules d'une végétation, même hivernale, extrêmement prompte, et susceptibles d'être utilisés pour la distillation en moins d'une année ;

3° Que le semis prospère également pendant l'hiver, mais

qu'il ne faut pas moins d'une année, en employant ce mode de reproduction, pour que les bulbes arrivent à leur entier développement.

A ces faits, qui permettent d'asseoir un jugement précis sur la végétation et la reproduction artificielle de l'Asphodèle, ajoutons ceux que des observations antérieures nous avaient déjà fait connaître.

L'Asphodèle végète avec vigueur aussi bien sur les rochers et les monts élevés que dans les sols profonds, même salés, et jusqu'au milieu des lagunes; sous les rayons les plus directs du soleil comme à l'ombre des taillis. Nous en avons trouvé des quantités abondantes, depuis le sommet des montagnes des Apennins, à Bosco-Longo et à Santa-Fiora, où la neige se maintient durant près de quatre mois, jusque dans les padules des côtes occidentales de l'Italie, à 50 centimètres à peine au dessus du niveau de l'eau de mer.

Jusqu'ici l'Asphodèle nous paraissait croître exclusivement sur les roches calcaires ou dans les alluvions de même nature. Les indications d'un de nos savants les plus distingués, M. Al. d'Orbigny, qui a constaté sa végétation luxuriante près de l'embouchure de la Loire, sur des roches granitiques, confirment l'opinion d'un botaniste ancien qui le classe parmi les plantes des terrains siliceux.

L'Asphodèle végète avec une merveilleuse puissance; la promptitude et la facilité extraordinaire avec laquelle il se reproduit, a bien souvent désespéré les cultivateurs. C'est ainsi que souvent, lorsque l'on a tenté de l'extirper, il repousse avec une vigueur d'autant plus grande que le sol a été plus ameubli, formant quatre ou cinq plants nouveaux là où l'on en a extrait un pied. C'est à cette circonstance que l'on doit attribuer la difficulté de faire disparaître cette plante des terrains que l'on ne peut cultiver à la charrue.

Telle colline de Monte-Argentaro (Toscane) dont on avait extrait les Asphodèles au mois de mai était littéralement tapissée de plants nouveaux dès la fin d'octobre.

Ajoutons enfin, comme détail de nature à faire apprécier cette puissance de reproduction, que l'administrateur du domaine privé du grand-duc de Toscane offrait, il y a peu d'années, 40,000 fr. pour faire extirper l'Asphodèle d'un seul domaine (l'Alberèse), et personne n'osait entreprendre un travail considéré comme impossible. L'on ignorait alors, il est vrai, les applications de cette plante réprouvée et maudite; l'on ne voyait que son abondance et sa trop facile reproduction.

L'Asphodèle, en effet, dans les terrains d'où l'on n'a pu le bannir, ne tarde pas à couvrir complètement le sol.

Dans ces conditions, les pieds ne sont pas espacés de plus de 50 à 60 centimètres; toutefois, le plus habituellement, ils forment des massifs ou bouquets disséminés inégalement, que l'œil reconnaît au loin à la nuance glauque des feuilles ou aux belles fleurs qui garnissent les tiges.

En général, un plant d'Asphodèle porte 15 à 25 tubercules dont l'ensemble pèse rarement moins de 2 à 3 kilogrammes. D'ordinaire ce poids est de 5 à 6 kilogrammes; très souvent il dépasse ce chiffre et atteint 10, 20 kilogrammes, et même au delà.

Ce développement extraordinaire des racines de l'Asphodèle en nombre et en poids paraît tenir beaucoup plus à la qualité du terrain et à sa profondeur qu'à son aération. C'est ainsi que nous avons trouvé des plants d'une croissance magnifique dans les forêts des Apennins et du littoral de la mer.

Et ici, pour n'y point revenir, signalons aux forestiers cette propriété de l'Asphodèle de végéter à l'ombre et au milieu des taillis les plus épais. La production de cette plante et son arrachage périodique ne pourraient-ils donc pas devenir un moyen d'augmenter les revenus des terrains consacrés à cette culture, tout en favorisant le repeuplement des bois par l'ameublissement qui résulte de ces arrachages ? — Nous livrons ces questions à l'examen des hommes compétents. Pour nous, qui souvent avons admiré la végétation inutile des brandes qui obstruent les bois du Poitou et de la Saintonge, nous ne doutons pas que l'Asphodèle, qui pousse si vigoureusement dans les châtaigneraies de Monte-Cenario et de l'Alberese, ne puisse, dans ces conditions, donner lieu à une exploitation fructueuse.

Mais pourquoi multiplier les observations ? De tous les faits qui précèdent l'on peut aisément conclure :

Que la production artificielle de l'Asphodèle est possible ;

Qu'elle est facile.

Prouvons qu'elle est essentiellement économique.

Qu'exige, en effet, cette plante si éminemment rustique ?

Un semis de graines ou une plantation des éclats ou cayeux. Puis, sans qu'il soit besoin d'aucune culture, d'aucun binage, au bout de deux ou trois ans, suivant les climats, l'on obtient une sorte de plant qui se maintiendra presqu'à perpétuité, se développant et s'améliorant après chaque récolte bi ou triennale.

Quant aux frais de cette espèce de mise en valeur, ils sont pour ainsi dire nuls. En effet, soit que l'on sème, ou que l'on plante, si l'on veut opérer sur des terrains en pente, au milieu des rochers, dans des bois ou autres localités qui ne permettent point une culture à la charrue, le moyen le plus simple est le semis ou la plantation en pots. Un homme armé d'un piochon, accompagné d'une femme qui place et recouvre ensuite la graine ou le plant, peut, en opérant ainsi, garnir en une journée plus d'un demi-hectare.

Dans les landes ou brandes dont le défrichement serait trop coûteux et dont le sol offre peu de consistance, l'on obtiendra un résultat complet en semant à la volée, après avoir fait brûler la bruyère, puis en hersant avec un fagot d'épines.

Dans les terrains que peut sillonner la charrue, mais que cependant l'on ne veut point défricher complétement, soit pour conserver le pâturage, soit parcequ'il faudrait des travaux préparatoires trop dispendieux, arrachage de bois, racines, rochers, etc., etc., l'on peut, en quelques années, obtenir un plant suffisamment garni, en se bornant à ouvrir de dix en dix mètres quelques sillons dans lesquels on place la graine ou le plant.

Enfin, si l'on désire convertir une terre arable en *Asphodelière* (que l'on nous passe cette expression, la seule qui nous paraisse parfaitement exprimer le résultat à atteindre), l'on peut obtenir double récolte sur le même terrain, soit que l'on sème une céréale en même temps, ainsi que l'on fait pour le trèfle ou la luzerne, ce qui ne peut causer aucun retard ni préjudice au développement des racines de l'Asphodèle ; soit que l'on intercale des citrouilles, maïs ou autres plantes d'une croissance rapide, entre les lignes où il sera semé ou planté.

Dans des conditions de reproduction et de culture aussi économiques, — avec cette merveilleuse fécondité qui permet d'utiliser toutes espèces de terrains, coteaux pierreux, alluvions insalubres, landes improductives, taillis et plaines inhabitées, — avec ces deux produits, alcool et papier, d'une consommation toujours certaine et croissante, d'une vente partout facile,

Récolte de l'Asphodèle.

l'ASPHODÈLE doit devenir une source de richesse pour ceux qui sauront combiner sa production et son exploitation industrielle *dans des conditions rationnelles*.

Par conditions rationnelles nous entendons et la reproduction artificielle de l'Asphodèle, pour avoir dans l'avenir des approvisionnements aménagés d'une manière régulière, et l'exploitation des racines sauvages, pour attendre les produits des semis et plantations artificiels ;

Nous entendons la réunion des conditions vitales d'une telle exploitation, à savoir : la possession ou la jouissance à vil prix de terrains suffisamment étendus pour obtenir la matière première en quantité suffisante pour une production continue, la main-d'œuvre, les transports et le combustible à bon marché, enfin un emplacement convenablement choisi pour la distillation et la préparation des pâtes ;

Nous entendons enfin l'alliance de la production agricole et de la production industrielle, soit pour produire les plantes ou fruits alcoolisables, autres que l'Asphodèle, nécessaires pour éviter tout chômage, soit pour maintenir par le pâturage la fertilité du sol.

Exploitation de l'Asphodèle sauvage ;
Production artificielle et culture de cette plante ;
Production d'autres plantes également alcoolisables ;
Enfin, pâturage et éducation des troupeaux :

Tel est l'ensemble des opérations dont la réunion nous paraît utile pour obtenir le bénéfice maximum que l'on peut trouver dans une exploitation dont l'Asphodèle doit être la base.

Quelques développements sur ces différentes opérations seront peut-être utiles pour en apprécier la convenance.

Quoique l'Asphodèle puisse être arraché et distillé dans toutes les saisons de l'année, cependant il existe pour cette plante, comme pour toutes celles de la même espèce, une époque de maturité dont on doit tenir compte, surtout lorsqu'il s'agit de sa distillation. Durant l'hiver, et jusque après l'époque de la sève de printemps, la quantité d'alcool que l'on peut en extraire est, en effet, notablement inférieure à celle que l'on obtient des tubercules arrachés depuis la fin de mai jusqu'au commencement de l'automne.

Il convient donc d'associer à la distillation de l'Asphodèle l'alcoolisation de quelques autres plantes appropriées aux circonstances climatériques, économiques et agricoles, dans lesquelles on se trouve.

Dans la plupart des cas, le topinambour nous paraît pouvoir utilement jouer ce rôle. Sans nous occuper ici de l'examen de cette plante au point de vue des avantages que présente sa distillation, nous devons faire remarquer que sa facile croissance, si analogue à celle de l'Asphodèle, la bonté de ses résidus ou de ses tiges pour l'alimentation des bestiaux, la possibilité d'en opérer la récolte durant tout l'hiver, semblent la désigner comme la plante complémentaire de toute exploitation d'Asphodèle. Dans certains cas la betterave, le sorgho, la canne à sucre, même les grains, pourraient peut-être occuper avec avantage le matériel et le personnel des distilleries durant l'hiver, saison de chômage pour l'alcoolisation de l'Asphodèle; cependant, le plus habituellement, d'autres plantes alcoolisables plus rustiques seront plus convenables pour venir en aide à l'Asphodèle, dans ce mode d'exploitation semi-pastorale, semi-industrielle, que nous recommandons : ainsi — l'arbousier, dont la Société de Toscane compte faire les clôtures des champs plantés d'Asphodèle et de topinambour ; — le dahlia, qu'un distillateur fort compétent en pareille matière, M. Basset, estime pouvoir produire 18 hectolitres d'alcool à 90 degrés sur un hectare donnant 30,000 kilos de tubercules ;

— la citrouille enfin, dont la croissance est extraordinaire dans les terrains d'alluvion des Maremmes. Mais ce sont là des questions de pratique beaucoup moins importantes que celle qui tout naturellement se présente à cette occasion, à savoir la conservation des tubercules d'Asphodèle pour obtenir la continuité de la distillation durant toute l'année, à l'aide d'approvisionnements suffisants.

Ainsi que nous l'avons fait remarquer, l'Asphodèle peut être arraché à toute époque de l'année ; seulement sa richesse en alcool varie suivant les saisons.

D'autre part, la conservation des bulbes frais exige certaines précautions et présente certaines éventualités que l'on peut éviter en faisant des cossettes.

M. Clerget, dans son rapport à l'Académie des sciences, déclare, il est vrai, que les cossettes ont rendu une proportion d'alcool moindre que les tubercules frais. Mais il faut d'abord remarquer que la conversion des bulbes en cossettes a diminué le poids et le volume de celles-ci, et qu'ainsi le rendement proportionnel peut rester à peu près le même ; en second lieu, il peut très souvent exister une foule de considérations qui engagent à adopter ce mode de préparation, spécialement pour faciliter les transports.

Du reste, des expériences récentes pour la conservation des racines sans les réduire en cossettes permettent d'espérer des résultats tout à fait satisfaisants, qui permettraient de distiller presque exclusivement l'Asphodèle durant toute l'année, se bornant à considérer les autres plantes comme des en-cas, utiles seulement dans des circonstances imprévues.

Quels que soient, au surplus, le succès de ces expériences et la place à donner aux succédanés de l'Asphodèle, le fait capital qui domine la question, c'est la nécessité de joindre à la distillerie et à la fabrication des pâtes une exploitation rurale. — Déjà la convenance de produire, pour la distillation, d'autres plantes que l'Asphodèle, permet de reconnaître la convenance d'une telle adjonction, quelque rustiques que puissent être les plantes que l'on adopte. Une autre considération rend une telle alliance indispensable : nous voulons parler de l'obligation de maintenir les terrains qui produiront l'Asphodèle dans un état de fertilité assez élevée pour que les racines puissent se développer dans des conditions de volume et de précocité convenables.

Le pâturage des troupeaux permet sur ce point de compter sur les résultats les plus satisfaisants. La présence de l'Asphodèle, même son abondance, ne détériorent en aucune façon la qualité des herbages ; elle en diminue tout au plus la production en raison de l'espace occupé par ses feuilles et ses tiges. Le pâturage ne porte aucun préjudice à la végétation de l'Asphodèle, tout au plus a-t-il pour conséquence d'amener le piétinement de la partie supérieure des feuilles et des tiges, si l'on ne coupe celles-ci avant l'époque où les unes et les autres se dessèchent.

Le pâturage, surtout des moutons, laisse sur le sol des déjections abondantes qui doivent favoriser la croissance des tubercules et conserver au sol la fertilité nécessaire.

A tous ces titres, le pâturage, qui permet de trouver dans l'élève des troupeaux des bénéfices importants, est une industrie accessoire qui forme le complément indispensable de l'exploitation de l'Asphodèle, réunissant ainsi les deux points extrêmes de la chaîne agricole : l'agriculture industrielle et l'agriculture pastorale.

Dans les conditions qui précèdent, quels sont, quels peuvent être les résultats économiques de la culture de l'Asphodèle? A quel prix ce nouveau produit peut-il être obtenu? Quel bénéfice peut-il donner au propriétaire du sol, à l'exploitant ou aux industries qui doivent l'utiliser?

Ainsi que nous l'exposons en détail (note n° 5), les frais de production de l'Asphodèle, dans les conditions normales que nous avons admises, ramenées à l'unité d'un hectare entièrement garni d'Asphodèle représentent :

1° Pour la formation du plant, si l'on opère sur un sol déjà cultivé en céréales et qu'il n'est pas besoin de défricher, environ 20 fr. par hectare; si l'on opère sur une friche ou un terrain exigeant une appropriation préalable, 60 fr.;

2° Pour la production de la récolte triennale, comprenant d'abord le loyer du terrain, l'intérêt du capital engagé, enfin les frais généraux, le tout pour trois années; — puis les frais de récolte des tubercules, arrachage, nettoyage et transport à l'usine : — 117 fr. dans la première hypothèse, 108 fr. dans la seconde.

Le produit étant de 30,000 kilog. de tubercules au bout de la troisième année, sans parler de la valeur des tiges et feuilles, qui chaque année donneront une récolte d'environ 2000 kilog., soit 6,000 pour chaque période triennale, le prix de revient de 1000 kilogrammes de tubercules est de 3 fr. 53 si l'on opère sur un terrain dont la rente n'est que de 5 fr. par an, et s'élève à 3 fr. 99 s'il s'agit d'une terre déjà en rapport, dont la rente a été calculée à 10 fr. par an, soit 4 fr. en nombres ronds, ou environ 5 fr. pour les 1200 kilogrammes nécessaires à la production d'un hectolitre d'alcool.

Dans tous nos calculs, nous avons adopté ce chiffre de 10 fr. pour cette quantité de tubercules; il reste donc une grande latitude pour les bénéfices que l'exploitation de l'Asphodèle peut ou doit donner au propriétaire et au cultivateur, indépendamment de ceux que l'industrie doit y trouver : bénéfices qui viendront profiter à celle-ci partout où l'on aura su joindre la production agricole à l'exploitation industrielle.

IX.

Produire beaucoup avec peu, tel est, en industrie comme en agriculture, comme en économie politique, le grand problème à résoudre.

L'exploitation de l'Asphodèle et des diverses industries qui peuvent en dériver a le merveilleux privilége de satisfaire en plus d'un point à cette condition toujours difficile à remplir.

Nous avons vu que de la racine de cette plante on extrait un alcool d'excellente qualité, propre aux usages alimentaires, et dont le prix de revient est d'environ 25 fr. par hectolitre à 90 degrés.

Nous avons vu qu'après avoir subi en vue de la distillation des préparations dispendieuses, les résidus de cette distillation deviennent à leur tour matière première d'un second produit industriel d'une haute importance, les pâtes à papier, à carton et de moulage.

Nous avons vu que, par une coïncidence précieuse, les tiges et feuilles de cette même plante, produit accessoire obtenu sans frais spéciaux, entrent également comme éléments utiles dans la confection de ces pâtes.

Nous avons vu enfin que cet Asphodèle, repoussé, réprouvé jusqu'ici comme parasite, sans emploi, sans produits utiles, va devenir une source de richesse,—pour le cultivateur, qui, par cette culture, peut obtenir de son sol un produit annuel net d'au moins 50 fr. ;—pour le propriétaire, qui peut utiliser des terrains de toutes natures, dans toutes expositions; — pour l'industriel enfin, qui, même en payant 10 fr. la quantité de tubercules nécessaire pour produire un hectolitre d'alcool, réalise sur cette fabrication un bénéfice de 6 à 800 pour 100.

L'ensemble de ces résultats nous paraît établir d'une manière bien évidente les avantages de l'exploitation de l'Asphodèle au point de vue de l'intérêt privé.

Au point de vue des intérêts généraux de l'industrie, de l'agriculture, du commerce, de la richesse publique, les avantages de cette exploitation sont immenses.

Et, d'abord, comment ne point comprendre toutes les conséquences de l'essor que l'emploi de l'Asphodèle doit donner à la fabrication de deux produits, alcool et papier, dont la consommation est de tous les temps et de tous les lieux, dont la pénurie, presque la disette, est en ce moment une véritable calamité et constitue un grave péril pour l'avenir.

Il y a peu d'années la France exportait ses alcools et ses eaux-de-vie dans l'univers entier; aujourd'hui elle est obligée, malgré l'activité d'innombrables distilleries de betteraves, d'en importer pour sa propre consommation. L'alcool d'Asphodèle, égal en qualité au meilleur alcool de vin, peut et doit faire cesser le tribut que la France paie ainsi à l'étranger. En outre, si le gouvernement comprend toute la portée de cette industrie nouvelle et sait la développer, par des encouragements suffisants, en Corse, en Algérie et dans certaines localités peu productives du midi ou du sud-ouest de la France, l'on peut hardiment prévoir le jour où l'exportation des alcools et eaux-de-vie de France reprendra son ancienne activité.

Quelle que soit, en effet, l'abondance, même l'exagération de la production de ces spiritueux, les exigences de la consommation, qui sans cesse augmente, surtout avec l'abondance et le bon marché, ne sauraient être entièrement satisfaites.

L'alcool, en effet, n'est plus seulement une denrée destinée à l'alimentation de l'homme ou à quelques usages restreints. — L'industrie s'en est emparée, et chaque jour de nouvelles découvertes tendent à donner à sa consommation des proportions illimitées. — Pour n'en citer qu'un exemple, l'emploi de l'éther comme liquide auxiliaire destiné à développer la force motrice des machines à vapeur présente une économie nette de 50 p. 100 au minimum sur le combustible, déduction faite de la consommation de l'éther. — Si l'on considère que cet emploi exige environ 1/4 de litre par 24 heures et par force de cheval dans les machines les mieux confectionnées, et que 3 litres d'alcool sont nécessaires pour produire 1 litre d'éther, on trouve qu'une machine de 100 chevaux, dépensant 25 litres par jour, ou 7500 pour 300 jours de travail effectif, exigera 22,000 litres d'alcool.—Quand on suppute les milliers de machines à vapeur qui fonctionnent journellement pour la navigation fluviale et maritime, pour la traction sur les chemins de fer, enfin pour l'industrie, l'on s'arrête dans la crainte de paraître exagéré dans ses appréciations.

Et cependant ce n'est point la seule application de l'alcool qui puisse donner lieu à une augmentation considérable dans sa consommation.

L'éclairage intérieur et dans les villes, le chauffage dans les laboratoires et l'économie domestique, la confection des vernis, des pâtes de caoutchouc, etc., etc., en emploient déjà des quantités importantes. Le jour où les prix seront moins exagérés, ces applications ne tarderont pas à exiger une production presque sans bornes.

Pour les papiers et cartons, même situation, même disette,

mêmes besoins.—L'Angleterre et la France réunies produisent annuellement plus de 500 millions de kilogrammes de papiers et cartons de toutes espèces, et cependant elles sont loin de fournir à la consommation des nations civilisées, qui, par suite du prix exagéré de la matière première en France et en Angleterre, fabriquent, quoiqu'à des prix beaucoup plus élevés, des quantités incalculables de ces produits.

Le papier, en effet, n'est pas seulement employé comme véhicule de la pensée : il reçoit dans l'industrie des applications sans limites, soit sous forme de papier, soit surtout transformé en carton ; et, comme pour l'alcool, ces applications se multiplieraient encore le jour où le prix de ces matières serait moins élevé. C'est ainsi que pour le lissage des étoffes l'on a vu, dans ces derniers temps, fabriquer des cartons d'un prix plus considérable que le papier de luxe, établir des cylindres en cartes superposées, etc., etc. ; et pour le moulage, combien nombreuses et utiles pourraient être les applications des pâtes à papier, si la valeur n'en était excessive !

La pâte d'Asphodèle doit, pour toutes ces industries, devenir une ressource précieuse. Sa production est économique et son abondance sans limites. Par elle, la vieille Europe peut reprendre le monopole, qu'elle tend à perdre aujourd'hui, d'approvisionner l'univers en papiers, cartons, moulages de toutes espèces, comme elle peut conserver celui qu'elle possède de le vivifier, peut-être devrait-on dire empoisonner, par ses produits alcooliques.

Mais quittons l'usine et ces populations industrielles, dont cependant l'on doit, par plus d'un motif, chercher à multiplier et assurer les moyens de travail ; voyons quels doivent être pour l'agriculture et les populations rurales les bienfaits des applications intéressantes de l'Asphodèle.

C'est là surtout que les résultats peuvent et doivent être immenses. Sans répéter ce que nous avons dit précédemment, comment ne point insister sur les conséquences que doit avoir l'exploitation de cette plante — qui végète et prospère sans aucuns soins, se reproduit presque sans frais, et prospère, dans la zone si large que la nature paraît lui avoir assignée, indistinctement sur tous les sols, dans toutes les expositions, paraissant même préférer les terrains maudits que des miasmes pestilentiels rendent inhabitables; — cette plante qui, dans les conditions d'une culture certainement susceptible de progrès et d'améliorations, peut donner au cultivateur un produit net de plus de 50 fr. par hectare et par an, laissant encore à l'industrie un bénéfice énorme.

Quel que soit, au surplus, le point de vue où l'on se place, dans cette appréciation des avantages que peut avoir la culture de l'Asphodèle, par rapport aux intérêts généraux de l'agriculture, à peine doit-on oser contempler les horizons infinis qui s'ouvrent dans l'avenir. — L'Asphodèle, en effet, couvre déjà de sa végétation, luxuriante quoique sauvage, des étendues immenses sur tout le littoral méditerranéen. Si les produits que l'on peut en obtenir sont d'une consommation illimitée, sa production semble également n'avoir point de bornes. Quels bienfaits trouveront dans ces champs devenus productifs les populations qui sauront et voudront les exploiter!

Mais là, comme toujours, l'activité et l'intelligence de l'homme sauront faire plus et mieux que la nature abandonnée à elle-même. En rangeant l'Asphodèle parmi les plantes cultivées, l'homme pourra en obtenir des produits plus considérables que ceux qu'il recueillerait en la laissant à l'état sauvage. Rochers, bois, plaines salées ou insalubres, se couvriront bientôt de cette plante, désormais cultivée, qui avec elle apportera travail, bien-être, santé et civilisation.

C'est surtout ce rôle de conquérant pacifique qui, aux yeux de l'économiste et de l'homme d'état, doit assigner une place considérable à l'Asphodèle; c'est ce rôle qu'a parfaitement compris un fonctionnaire public qui long-temps a séjourné en Algérie.

« Dans les immenses et improductifs territoires de notre colonie d'Afrique, nous écrit ce juge très compétent, l'Asphodèle peut rendre de grands services. Sur cinq cents lieues environ de territoire superficiel occupé actuellement par les armées de la mère-patrie ou par les tentes des indigènes que l'intérêt ou la force ont rattachés à nous, moins de cent lieues sont exploitées, et plus de quatre cents attendent et appellent la civilisation, la culture, la population. Eh bien! c'est à ces terrains jusqu'ici abandonnés que l'on va demander une production qu'ils offrent presque partout à l'état sauvage; c'est vers eux que l'on se dirigera à deux époques précises de l'année, soit pour reproduire l'Asphodèle, soit afin de l'arracher; ou plutôt les Arabes, ces peuples en même temps avides et paresseux, trouveront dans cette exploitation un bénéfice prompt, facile, à la portée de leurs mains comme de leur ignorance. Déjà, pour l'exploitation de l'alpha ou sparte, des figues de Nopal, dites de Barbarie, du palmier-nain, l'on a reconnu que l'on pouvait obtenir de ces hommes, accoutumés à se contenter de minimes salaires, des résultats immenses et à bon marché. Or, dans notre colonie algérienne, ce serait, au point de vue national, un précieux avantage que d'utiliser les bras inoccupés des habitants; et la raison en est frappante, puisque ce sont généralement des bras hostiles. De même, il y aurait un pas énorme fait vers l'occupation paisible de la contrée lorsqu'on aurait utilisé toutes ces zones de terrain en friche que leur nature rocheuse ou leurs germinations parasites ont conduit à négliger jusqu'à ce jour. Partout, en effet, où la culture se propage, la civilisation avance ; les moindres centres agricoles se protégent pour ainsi dire d'eux-mêmes contre les incursions ennemies, et servent comme de lien à un faisceau d'intérêts locaux où se confondent les ambitions de l'indigène et les vœux du conquérant. »

« Par l'exploitation de l'Asphodèle, l'Algérie n'offrirait plus ces lacunes regrettables qu'on a, mais en vain, essayé de combler jusqu'ici, et qui en France peuvent désespérer les capitalistes et les hommes d'état, mais qui en Afrique laissent des craintes indéfinies à l'économiste, au colon, au pacificateur, tout en imposant des sacrifices sans limites au guerrier... »

Peut-être, en parcourant ces aperçus sur les conséquences que doit avoir l'exploitation de l'Asphodèle et des industries qui en dérivent, nous taxera-t-on d'exagération. — Comment, dira-t-on, prétendre attribuer une importance si haute à un fait de si minime valeur? L'Asphodèle produit de l'alcool, produit des pâtes à papier! Mais tout produit de l'alcool, les graminées, les racines, les bois eux-mêmes! — tout produit ou peut produire des pâtes à papier! Depuis cinquante ans, l'on en a fait avec presque tous les végétaux! Pourquoi donc revendiquer en faveur de l'Asphodèle une faveur si particulière?

Un fait suffit pour répondre à cette objection, qui n'est même pas spécieuse.

L'Asphodèle produit *alcool* et *papier* à un prix beaucoup moins élevé que toutes les autres plantes auxquelles jusqu'ici l'on avait demandé ce produit.

L'Asphodèle, dont la science même ignorait et niait, il y a peu de temps encore, les éléments constitutifs, vient de laisser surprendre les applications dont elle est susceptible.

L'Asphodèle, enfin, jusqu'ici plante sauvage et parasite, par cela même qu'elle était sans emploi, peut rendre productifs d'immenses territoires rebelles ou inaccessibles à toutes autres cultures.

Et d'ailleurs, pourquoi déclarer impossible ce qui, dans l'espace d'un demi-siècle, s'est accompli déjà plus d'une fois?

La pomme de terre n'a-t-elle pas transformé, bouleversé l'économie agricole tout entière par ses admirables produits? La betterave, en donnant successivement sucre, puis alcool, n'a-t-elle pas également étonné ses premiers contempteurs?

Pourquoi l'Asphodèle, à son tour, ne prendrait-il pas place parmi les végétaux utiles? — Pourquoi cette plante ne serait-elle pas aussi un bienfait de la Providence, qui vient toujours à l'heure nécessaire apporter un remède aux souffrances de l'humanité?

De tout ce qui précède, quelle conclusion déduire?

La pratique a prouvé que la racine de l'Asphodèle sauvage donnait un alcool abondant et de qualité parfaite; — des expériences multipliées ont permis de reconnaître que l'on pouvait, en outre, obtenir, soit des résidus de la distillation, soit des tiges ou feuilles de la plante, une pâte propre à la fabrication de toute espèce de papier ou carton. — Enfin, l'étude de cette plante, complétée par une expérimentation suivie, constate qu'elle peut être reproduite avec facilité, cultivée avec succès.

C'est aujourd'hui aux hommes de pratique et de science que nous venons faire appel, pour perfectionner ce qui déjà a été mis en œuvre, pour mettre en œuvre ce qui n'a été qu'expérimenté, pour éclairer enfin ce qui n'a pu encore être mis en lu mière.—La fabrication de l'alcool et du papier d'Asphodèle, la production artificielle et la culture de cette plante, sont des faits aujourd'hui consommés, acquis à la science, des conquêtes de l'industrie. Il faut fortifier ces conquêtes et en tirer toutes les conséquences qu'elles peuvent produire.

A l'œuvre donc! — Dans les investigations nouvelles le champ est vaste pour des améliorations précieuses.

A l'œuvre! — car l'industrie, comme l'agriculture, doivent y trouver de précieux bénéfices.

A l'œuvre! — car la vie doit sortir de la mort, et l'ancien emblème du sombre empire doit devenir le plus puissant auxiliaire de l'activité humaine et de la pensée.

P. DE L.

Florence, 1855.

NOTES ET PIÈCES JUSTIFICATIVES.

NOTE N° 1.

Rapport *de M. Dumas, sénateur, membre de l'Institut, à M. le ministre de la guerre,* sur l'Alcool d'Asphodèle *et la distillation de cette racine en* Algérie. (*Moniteur* français du 22 octobre 1854.)

« L'industrie algérienne vient encore de s'enrichir d'un nouveau et précieux produit, dont la France est appelée à profiter, et qui, arrivant sur nos marchés au moment où la rareté des produits similaires se fait généralement sentir, contribuera à combler une partie du déficit causé par la maladie qui affecte nos vignobles.

Après de nombreuses expériences, un colon de Damrémont, dans la province de Constantine, est parvenu à retirer d'une plante bulbeuse, appelée Asphodèle, et qui se rencontre en très grande abondance sur tous les points de la colonie, où elle croît à l'état spontané, un alcool qui, au dire des personnes les plus compétentes, ne le cède en rien aux meilleurs alcools de raisin. La fabrique qu'il a établie en vue d'utiliser sa découverte distille aujourd'hui 600 litres d'alcool en vingt-quatre heures, et alimente en partie la consommation locale. Ce succès a éveillé l'attention des spéculateurs : une seconde fabrique, pouvant produire 10 hectolitres d'alcool par jour, a été récemment installée dans la province d'Oran, et une autre s'organise en ce moment dans la province d'Alger. L'Algérie se trouvera donc bientôt en mesure de fournir de notables quantités d'alcool au commerce de la métropole.

Un échantillon de l'alcool d'Asphodèle fabriqué à Damrémont a été soumis à l'examen du comité des arts et manufactures et à l'appréciation de M. Dumas, sénateur et membre de l'Institut ; et l'avis qui a été émis ne laisse rien à désirer sur le mérite du nouveau produit. Voici, du reste, le rapport par lequel le savant académicien a fait connaître au ministre de la guerre le résultat des expériences auxquelles il s'est livré :

« Monsieur le ministre,

» Vous avez voulu avoir mon avis sur un nouveau produit de l'Algérie, l'*al-*

cool d'Asphodèle; vous m'en avez fait remettre, dans ce but, un échantillon, accompagné d'une notice relative à sa fabrication.

» Je dois vous faire remarquer d'abord, monsieur le maréchal, que cette notice ne fournit aucun détail qui soit propre à fixer mon attention au sujet de la question économique que soulève la production de cet alcool. Il est impossible, après l'avoir lue, d'affirmer 1° que la fabrication de l'alcool d'Asphodèle puisse s'établir sur une grande échelle, 2° qu'elle soit susceptible de s'effectuer avec profit, 3° que le procédé suivi pour l'extraction de cet alcool soit le meilleur qu'il y ait à employer.

» Je réserve donc mon opinion sur tous ces points.

» Quant à l'échantillon d'alcool, considéré en lui-même, abstraction faite de son origine et de son prix de revient, je n'aurais que des éloges à donner à ce produit.

» 1° Il est limpide et incolore; son odeur franche est celle de l'alcool même. Évaporé sur la main, il n'y laisse aucun résidu gras; celle-ci n'exhale aucune odeur spéciale, ni celle de l'empyreume, ni celle du fuseloel, ni celle de l'huile de pomme de terre : l'odeur alcoolique se conserve agréable et pure.

» 2° Mêlé avec deux fois son volume d'eau, il donne un mélange dont l'odeur offre quelque analogie avec celle que l'alcool du vin donne en pareille circonstance. L'alcool de pomme de terre et celui de grains donnent avec l'eau des mélanges dont l'odeur spéciale est facile à reconnaître : l'alcool d'Asphodèle n'a rien de commun avec eux. L'alcool du vin, après son mélange avec l'eau, laisse apercevoir l'odeur propre de l'éther œnantique : c'est de cet alcool que l'alcool d'Asphodèle se rapproche plutôt.

» 3° On a constaté que l'alcool d'Asphodèle ne contenait ni acide, ni sels, ni matière huileuse, de la façon suivante :

» Cent centimètres cubes d'alcool ont été mêlés avec deux cents centimètres cubes d'eau distillée; le mélange, demeuré limpide, a été distillé au bain-marie dans un bain d'eau saturée de sel marin. Le produit de la distillation, fractionné, n'a dans aucun moment offert ni trouble ni louche, soit qu'on l'ait examiné pur, soit qu'on l'ait mêlé d'eau avant l'examen.

» On a arrêté la distillation lorsqu'il restait environ deux centimètres cubes de liquide dans la cornue. Ce résidu était incolore, inodore, insipide. Il s'est mêlé à l'eau sans la troubler. Le nitrate d'argent, l'oxalate d'ammoniaque, le nitrate de baryte, l'ont laissé parfaitement limpide : il ne contenait donc ni chlorures, ni acide sulfurique, ni sels de chaux; d'ailleurs, il n'était pas acide.

» La moitié de ce résidu, évaporé à sec, a laissé un léger résidu brun, qu provenait sans doute de quelque trace de matière organique fournie par le bouchon.

» 4° Pour s'assurer, par une autre voie, si l'alcool ne contenait pas quelque trace d'huile volatile à l'état de mélange, on a fait usage de l'acide sulfurique concentré, qui colore à froid la plupart de ces huiles en les charbonnant.

» En mêlant 20 centimètres cubes d'acide et 20 d'alcool, on a obtenu un mélange brun clair.

» 10 centimètres cubes d'acide et 10 d'alcool ont donné un mélange jaune brun.

» 5 centimètres cubes d'acide et 5 d'alcool ont fourni un mélange presque incolore.

» En diminuant la masse des mélanges, la chaleur que leur formation excite devient de plus en plus faible ; la coloration que l'acide sulfurique chaud produit en agissant sur l'alcool cesse de se manifester, et on peut conclure de l'examen du dernier d'entre eux que l'alcool d'Asphodèle ne contient aucune huile colorable à froid par l'acide sulfurique.

» 5° Versé sur une glace bien propre, l'alcool d'Asphodèle s'y évapore, en laissant çà et là quelques taches si ténues, qu'on ne peut les voir qu'en faisant miroiter la plaque. A la loupe, elles offrent l'aspect gras ou cireux. La matière qui les forme paraît solide ; elle est inodore : on ne saurait la confondre avec une huile ; elle rappelle plutôt les produits qu'on retire du liége, et tout indique, en effet, que le bouchon de liége de la bouteille a cédé ce produit à l'alcool examiné.

» 6° L'alcool d'Asphodèle brûle sans résidu. Sa flamme est parfaitement identique avec celle de l'alcool pur.

» 7° A la température de 18°, l'alcoomètre y marque 87°5, ce qui, correction faite pour ramener l'indication à 15°, donnerait 87°3 d'alcool pour cent.

» L'aréomètre de Cartier y marque 33° 1/3, correspondant aussi à 87°5.

» Sa densité, prise à 20°, est égale à 0,852, ce qui s'accorde avec les indications précédentes.

» En résumé, l'alcool d'Asphodèle est d'une qualité très marchande, d'un titre élevé, d'une pureté qui ne laisse rien à désirer, du moins dans l'échantillon que j'ai examiné.

» On n'a qu'un vœu à former, c'est que l'Algérie en puisse produire beaucoup de semblable.

» J'aurais été curieux de connaître les procédés d'extraction de cet alcool. J'espère, monsieur le maréchal, que vous serez assez bon pour me les communiquer quand ils seront parvenus à votre connaissance.

» J'ai l'honneur, etc.

» *Signé* : Dumas,

» Membre de l'Institut. »

NOTE N° 2.

Prix de revient de l'alcool d'Asphodèle.

La distillation de l'Asphodèle est une industrie nouvelle, qui, froissant certains intérêts, certaines sympathies, a soulevé tout d'abord des oppositions assez vives. Il importe donc d'éclairer le plus possible la question si importante du prix de revient, alors surtout que cette industrie, et la plante qu'elle utilise, peut et même doit prendre une place considérable dans l'avenir. A ce titre, nous croyons devoir entrer dans des détails, même minutieux.

Si la pratique de la distillation de l'Asphodèle, qui déjà remonte à près de cinq années, a dû passer par des tâtonnements nombreux, adopter, puis rejeter certaines méthodes, certains appareils, aujourd'hui l'on a pu se rendre compte d'une manière très exacte des diverses dépenses qu'entraîne cette distillation, soit que l'on opère en grand ou que l'on se contente de traiter de petites quantités.

Ces dépenses, il est vrai, peuvent, suivant les lieux et surtout les conditions économiques dans lesquelles le distillateur s'est placé, varier dans des proportions qui parfois transforment complétement le résultat final; mais, avant tout, l'on doit présumer un établissement rationnel.—C'est sur cette présomption que nous avons basé nos calculs.

Pour fixer, en nombres déterminés, nos évaluations, nous prendrons comme type, pour la distillation de l'Asphodèle, une usine produisant de 30 à 40 hectolitres d'alcool à 90 degrés par 24 heures, soit, pour 300 jours 10,000 hectolitres, consommant de 40 à 50,000 kilogrammes de racines par jour, 15,000,000 par an, ce qui exige un territoire d'environ 1,500 hectares, moyennement garni d'Asphodèle, pour l'approvisionnement annuel en racines sauvages, soit 5,000 hectares pour l'approvisionnement constant; et si l'on veut opérer sur l'Asphodèle cultivée, la jouissance ou la possession d'une étendue de 15 à 1,800 hectares.

L'établissement de cette usine exigera un capital d'environ 150,000 fr., savoir :

Pour bâtiments, environ	40,000 fr.
Pour machine à vapeur de 15 chevaux, machine à broyer ou écraser, presses, pompes, etc.	40,000
Trois alambics Derosne.	20,000
Cuves, tonneaux.	10,000
Outillage divers et dépenses imprévues	10,000
Capital de roulement	30,000
Total	150,000 fr.

Quel sera, dans ces conditions de premier établissement, le prix de revient d'un hectolitre d'alcool d'Asphodèle?

Ce prix de revient peut se décomposer de la manière suivante :

1° Matière première.—Soit que l'on aille la chercher dans les lieux où elle pousse spontanément à l'état sauvage, soit qu'on l'obtienne artificiellement par la culture dans des terrains voisins ou à proximité de l'usine. Dans ce chapitre entrent naturellement les frais d'arrachage, de transport, et la redevance au propriétaire, dont il convient de se préoccuper dans les lieux où l'on veut se borner à exploiter la racine sauvage.

2° Main-d'œuvre.—Comprenant les diverses opérations, depuis la réception des racines dans l'usine jusqu'à la mise en fût de l'alcool. Ici devront figurer tous les frais résultant de l'emploi des machines, là où on les substituera, amélioration essentiellement économique, à la force humaine ou des animaux.

3° Combustible pour la distillation : celui nécessaire pour la force motrice rentrant dans le chapitre précédent.

4° Logement du produit, embarillage et frais spécialement relatifs à la vente.

5° Frais généraux, intérêt et amortissement du capital employé, tenant compte, suivant les cas, de la destruction partielle ou totale et de la moins-value des objets qui le représentent.

En ce qui touche le prix de la *matière première,* ici nous nous occuperons seulement de l'Asphodèle sauvage; ailleurs, en traitant de la production artificielle, nous verrons combien ce prix de revient peut être diminué par la suppression des frais d'un transport à grande distance, l'amoindrissement des dépenses d'extraction dans un sol meubli, accessible aux charrettes, entièrement couvert d'une plante aujourd'hui disséminée sur des rochers d'un accès difficile : avantages qui peuvent compenser facilement la rente d'un sol nécessairement de peu de valeur et la dépense première d'une production artificielle presque nulle. Mais, nous le répétons, il ne s'agit ici que des faits expérimentés et constatés par la pratique.

Aujourd'hui, en Algérie comme en Toscane, en Sardaigne et dans le midi de la France, le prix de 1000 kil. de racines d'Asphodèle rendues à l'usine, varie de 8 à 12 fr., D'après M Hardy, en Algérie, et dans le voisinage d'Alger, les Arabes livrent aux usines tout ce que l'on veut accepter à raison de 3 fr. le mètre cube, soit 10 hectolitres. A 40 kilog. par hectolitre, évaluation minimum, les 12 à 1300 kil. nécessaires à la production d'un hectolitre d'alcool représenteraient 9 fr. à 9 fr. 25 c.

La Société Toscane, d'après les prix moyens à payer soit pour l'extraction des racines, soit pour leur transport, arrive à 10 fr. Nous croyons ce chiffre normal dans les conditions les plus habituelles, quoique cependant un peu élevé, si l'on a su réunir les conditions essentielles d'une production économique, à savoir des approvisionnements rapprochés, des transports faciles, la main-d'œuvre à bon marché.

Ajoutons, pour apaiser tous les doutes sur ces évaluations, que l'Asphodèle cultivé peut livrer les tubercules à moins de 4 fr. les 1,000 kilog. en calculant les frais de production et même la rente du sol à un taux fort élevé. (Voir note n° 5.)

Main-d'œuvre. — Ce second chef de dépense est celui qui doit présenter les plus grandes différences, suivant l'importance de la fabrication, la nature des moyens et des moteurs employés.

Supposons d'abord une production d'une pipe seulement par jour (6 hectolitres), et partant l'écrasage à l'aide d'un manége mis en mouvement par des chevaux. M. Hardy, pépiniériste en chef du jardin d'expérience à Alger, a décomposé ainsi qu'il suit les frais de main-d'œuvre dans cette hypothèse :

8 mulets à 3 fr., loyer et nourriture	24 fr.	78 fr.
Ecrasage, 8 hommes, à 2 fr. 25	18	
Service es cuves, 8 hommes id.	18	
Pour les pompes, 4 hommes id.	9	
Service des alambics, 4 hommes, id.	9	
A quoi ajoutant un distillateur en chef, à 6 fr., ci		6 fr.
l'on a un total par jour de		84 fr.

qui, divisé par 6, donne 14 fr. par hectolitre.

Evidemment, ce prix de revient diminuera dans des proportions considérables si l'on opère l'écrasage à l'aide d'une machine mise en mouvement par une machine à vapeur, laquelle peut permettre une grande économie de main-d'œuvre pour le service des pompes, l'approchage des racines, etc.

Dans cette hypothèse d'un moteur mécanique, voici comment en Sardaigne l'on établit la dépense de main-d'œuvre :

1 mécanicien.—1 chauffeur et son aide.

2 distillateurs et deux aides.

6 femmes pour le service de la machine à broyer.

8 hommes pour charger et décharger les presses.

12 hommes pour le service de la distillerie et de la laverie, couper le bois, les racines et les transporter.

Ensemble : 64 fr. par jour pour une production de 24 hectolitres, soit par hectolitre 2 fr. 66 c.

A cela il faut ajouter le combustible pour la machine à vapeur à raison de 2 fr. par jour et par cheval, soit 1 fr. par hectolitre; plus l'intérêt et l'amortissement des machines destinées à remplacer la main-d'œuvre. Le prix de ces machines étant d'environ 40,000 fr., si l'on calcule 20 p. 100 d'intérêt et amortissement, l'on a 8,000 fr. à répartir sur les 10,000 hectolitres, produit de 300 jours de travail, soit par hectolitre, 80 c. Enfin comptant 0 fr. 50 c. pour faux frais, graissage et réparation de ces mêmes machines, le total du prix de la main-d'œuvre est de 2 fr. 66 + 1 fr. + 0 fr. 80 c. + 0 fr. 50 c. = 4 fr. 96 c.

Ce prix de la main-d'œuvre se rapproche beaucoup de celui que l'on atteint dans la distillation de la betterave.

Dans son rapport sur l'application de la méthode Champonnois pour cette distillation, M. Clerget décompose ainsi la dépense de main-d'œuvre d'une petite distillerie opérant sur 4,000 kilog. de racines et donnant environ 1 hectolitre 50 centilitres par jour.

1 distillateur suffisamment expérimenté,	6 fr.	»
1 chef d'ouvriers,	3	»
2 ouvriers ordinaires à 2 fr. 50,	5	»
1 aide de 15 à 18 ans,	1	50
1 cheval au manége,	6	»
Total,	21 fr.	50

Soit, par hectolitre, produit de 2,600 kilog. de racines, 14 fr. 30 c.

M. Payen, dans son récent traité sur la distillation de la betterave, porte ce prix à 10 fr. 40 c. dans une fabrication de 10 hectolitres par jour, savoir : main d'œuvre (hommes femmes et enfants), 4 fr. 60 c.; force mécanique pour les pompes, laveurs, râpes et presses, 5 fr. 80.

Mais l'on ne doit pas oublier que le rendement de l'Asphodèle en alcool est, de l'avis de MM. Clerget et Payen, DOUBLE de celui de la betterave, *à poids égal*. La dépense, pour la même quantité de produit, doit donc être diminuée de moitié, ce qui donne dans les deux cas ci-dessus, toutes circonstances égales d'ailleurs, 7 fr. 15 c. et 5 fr. 40 c. pour la dépense de main d'œuvre d'un hectolitre d'alcool.

Mais poursuivons notre examen :

Pour le *combustible*, M. Hardy compte, en Afrique, sur 25 fr. de houille pour une pipe, soit 4 fr. 25 c. par hectolitre.

M. Clerget estime que la production de 1 hectolitre 50 d'alcool de betterave coûte 5 fr. 40 c. en combustible, soit, par hectolitre, 3 fr. 82 c.; mais il porte le charbon à 4 fr. l'hectolitre, prix excessif.

En Sardaigne et en Toscane, soit que l'on chauffe au bois, soit que l'on adopte le combustible minéral, le prix de revient ne dépasse pas 3 fr. par hectolitre.

Quant au *logement* des produits, dans tout le Midi la pipe vaut 25 fr. neuve; l'on peut en trouver, ayant déjà servi, à 15 fr.; mais, sur ce point, une distillation importante ne peut compter que sur les prix en bois neuf.

Restent les *frais généraux* et d'administration, ainsi que l'intérêt et l'amortissement du capital employé. Si la deuxième partie de ce chapitre est facile à déterminer, la première est fort élastique, et nous devons reconnaître que plus d'une administration a sur ce point commis bien des erreurs et bien des fautes.

La Société sarde évaluait dans l'origine les dépenses d'administration, correspondances, etc., à 1 fr. 25 c. par hectolitre; l'intérêt du capital engagé à 1 fr., soit ensemble 2 fr. 25 c. Malgré la respectabilité de ce chiffre, il s'est trouvé dépassé.

M. Payen, dans son traité de la distillation de la betterave, page 66, porte pour loyer, intérêts, réparations, une somme de 50 fr. par jour pour une production de 10 hectolitres par jour pendant cent jours, soit 5 fr. par hectolitre; mais ce chiffre doit être diminué : d'abord des deux tiers, ce qui le réduit à 2 fr., du moment où le travail est maintenu pendant trois cents jours au lieu de cent, puisque les loyer, intérêts et réparations, grèvent toujours les produits, même durant les chômages; puis d'une quotité variable, les loyer et intérêts des capitaux étant proportionnellement moindres, du moment où la production devient plus considérable.

L'évaluation pour l'ensemble de ce chapitre, y compris les frais divers, peut donc atteindre 3 fr. par hectolitre, sans parler, bien entendu, des commissions de vente, transports et autres frais analogues, qui ne peuvent figurer dans les comptes de fabrication.

De son côté, M. Clerget porte à 3 fr. 66 c. l'intérêt et l'amortissement du capital d'une distillerie agricole, mais qui ne travaille que deux cents jours par an et ne produit que 1 hectolitre 1/2 par jour.

Dans une usine de l'importance de celle que nous avons admise au commencement de cette note, nous estimons que la dépense des frais généraux, ainsi que l'intérêt et l'amortissement des capitaux, ne doit pas dépasser 3 fr. 50 par hectolitre, répartis de la manière suivante :

Intérêt et amortissement du capital engagé :

1° Sur 40,000 fr., prix des machines diverses destinées à économiser la main d'œuvre, déjà porté au prix de la main d'œuvre;	Mémoire.	
2° Sur 40,000 fr., prix des alambics et matériel, dont la dépréciation, étant moindre, n'est calculée qu'à 15 p. 100;	0 fr.	60 c.
3° Sur 40,000 fr., prix des bâtiments et terrain à 10 p. 100;	0	40
4° Sur 30,000 fr. de capital de roulement à 6 p. 100.	0	18
Frais d'administration, personnel, correspondance, voyages, etc., au maximum, 20,000 fr., répartis sur 10,000 hectolitres.	2	»
Le surplus, pour frais divers imprévus, 11 fr. par jour, environ 3,300 fr. par an, par hectolitre.	0	33
Total	3	50

En résumé, le prix de revient de la production d'un hectolitre d'alcool dans les conditions actuelles de fabrication représente donc :

Pour la matière première	10 fr.	» c.
— la main d'œuvre avec écrasement à la machine	5	»
— le combustible	3	»
— la futaille	4	25
Enfin, pour les frais généraux, intérêt du capital et amortissement	3	50
Total	25	75

Ce chiffre devra, il est vrai, être abaissé à 20 fr. lorsque, par la culture, l'on pourra obtenir la matière première à moins de 5 fr., au lieu de 10 ; mais aujourd'hui il faut reconnaître qu'il peut s'élever à 30 et même 40 fr., si l'on opère dans des conditions moins convenables que celles que nous avons admises, spécialement si l'on traite de faibles quantités, devant alors écraser à l'aide d'un manége et distiller avec des alambics non rectificateurs. Mais, à ce prix même de 40 fr., qui paraît avoir été indiqué à la Société d'encouragement par M. Dumas comme prix de revient de l'hectolitre d'Asphodèle en Algérie, les avantages de cette distillation sont encore considérables et évidents. Ils le sont — lorsque l'on songe que le prix normal des alcools de vin était, avant la maladie de la vigne, de 50 à 60 fr., et que depuis trois ans ce prix varie de 100 à 200 fr. ; — lorsque l'on voit que, malgré la valeur excessive assignée aux résidus de la betterave et l'économie du système Champonnois, l'hectolitre d'alcool de betterave ne peut pas être produit à moins de 50 fr.; — lorsque l'on remarque enfin que dans toutes les évaluations ci-dessus nous n'avons rien compté pour la valeur des résidus de l'Asphodèle !!!

NOTE N° 3.

Des principales applications de l'alcool.

Pour indiquer l'importance des applications nombreuses de l'alcool, l'on ne saurait mieux faire que de reproduire une nomenclature intéressante que donne M. Payen, membre de l'Institut, dans un récent ouvrage sur la distillation de la betterave. Nous nous bornerons à en reproduire un extrait, en ce qui concerne les applications les plus importantes et les moins connues :

« L'alcool reçoit des applications variées et qui diffèrent suivant le degré et « l'état de pureté de ce produit.

« *Eau-de-vie brute.* — Le liquide alcoolique obtenu directement dans la dis-
« tillation des jus fermentés, s'emploie directement dans diverses localités
« comme eau-de-vie potable.

« *Esprit fin.* — L'alcool bien rectifié, qui porte ce nom dans le commerce,
« marque ordinairement 94 à l'alcoomètre ; on s'en sert pour les préparations
« suivantes, toutes relatives aux usages alimentaires : — *affinages des esprits*
« *Montpellier*, — *vinages*, — *fabrication de liqueurs*, — *genièvre*, — *absinthe*,
« — *eaux-de-vie* et *fruits à l'eau-de-vie* ;

« *Esprits aromatiques*, tels qu'eau de Cologne, etc.

« *Préparations, teintures* et *extraits pharmaceutiques, conservations diverses*;

« *Essai des sucres bruts, soudes*, etc.

« *Vernis à l'esprit de vin.* — La fabrication de ce vernis constitue l'une de
« ces applications qui consomment le plus d'alcool. On obtient, dans ce sys-
« tème de préparation, des vernis qui sèchent vite et n'exhalent pas de vapeurs
« délétères comme les vernis à l'essence de térébenthine ; de là vient que l'on
« donne la préférence aux vernis à l'esprit de vin lorsqu'ils doivent être em-
« ployés dans des chambres habitées ou lorsqu'on ne peut attendre l'entière
« dessiccation des vernis avant d'occuper les appartements.

« *Lustrage des bougies stéariques.* — La propriété que présente l'alcool de
« dissoudre les acides gras (stéarique, margarique, oléique) est appliquée pour
« le lustrage de ces bougies.

» *Ether* ou *éther hydrique.* — Ce produit liquide, léger, si volatil, expan-
« sif, inflammable, est obtenu par une modification de l'alcool en présence de
« l'acide sulfurique.

« Outre les usages nombreux de l'éther dans les analyses chimiques, les
« préparations pharmaceutiques et quelques opérations économiques, l'appli-
« cation récente de ce liquide pour alimenter des machines à vapeur spéciales
« ouvre un nouveau et important débouché à l'alcool. Déjà les bateaux à va-
« peur qui fonctionnent sur le Rhône et reçoivent de l'éther leur impulsion mo-
« trice consomment annuellement, pour la fabrication de ce liquide, plus de
« 200,000 litres d'alcool, et cette application nouvelle paraît devoir se déve-
« lopper lorsque le cours de l'alcool s'abaissera.

« *Amorces fulminantes.* — La consommation de l'alcool dans la préparation
« du fulminate de mercure est d'une importance égale à la précédente ; elle
« s'est accrue depuis plusieurs années, par suite des demandes de l'étranger.

« *Eclairage.* — Sous le nom de gaz liquide, on livre aujourd'hui à la con-
« sommation de grandes quantités d'alcool presque anhydre (à 97 ou 98), tenant
« en solution 18 à 20 pour 100 d'essence de térébenthine rectifiée. La consom-
« mation de l'alcool sous cette forme tend à s'accroître ; l'abaissement des prix
« amènera probablement cet accroissement.

« *Chauffage.* — Chacun sait combien les usages de l'alcool, comme moyen

« de chauffage, à l'aide de lampes très simples en verre ou en métal, se mul-
« tiplient dans l'économie domestique, dans les laboratoires de chimie et les
« cours publics; on ne saurait douter que le bon marché de l'alcool ne dût ra-
« pidement développer encore cette consommation.

« *Chloroforme.* — L'alcool est la matière qui concourt, pour la plus grande
« partie, à la préparation de cet agent anhestésique.

« *Vinaigre.* — La fabrication du vinaigre blanc, au moyen de l'alcool, s'ef-
« fectue en grand en Allemagne et dans quelques contrées de la France; c'est
« encore là une de ces applications que le bon marché de l'alcool doit déve-
« lopper. »

NOTE N° 4.

Plan des opérations de la société constituée en Toscane pour l'exploitation de l'Asphodèle.

Au mois d'octobre dernier, une société a été formée en Toscane pour la culture et la distillation de l'Asphodèle, et l'*utilisation des résidus* de cette plante après sa distillation.

L'exposé sommaire que cette société fait du plan de ses opérations nous paraît réunir d'une manière assez complète ce que l'on peut entreprendre et obtenir dans l'exploitation de cette plante. C'est à ce titre que nous croyons devoir donner place ici à quelques extraits de cet exposé.

« L'Asphodèle végète à l'état sauvage avec une merveilleuse puissance dans les plaines comme dans les montagnes de la Toscane; elle s'y rencontre en abondance dans tous les terrains de formation calcaire des Maremmes et de la chaîne des Apennins, où l'on s'en sert comme de torches pour l'éclairage; sa culture peut être introduite avec avantage dans ces mêmes localités.

« La Compagnie Franco-Italienne des alcools de Toscane a été constituée spécialement dans le double but d'utiliser, pour la distillation, l'Asphodèle sauvage et cultivée. Subsidiairement, elle entend employer ses capitaux et son matériel, lorsqu'elle pourra le faire UTILEMENT, pour la distillation de substances que la pratique a démontré pouvoir servir à la fabrication de l'alcool, telles que la betterave, le topinambour, les graminées, voire même le raisin, lorsque la maladie de la vigne aura cessé ses ravages.

« L'immensité des approvisionnements en racines sauvages dont la Compagnie est aujourd'hui propriétaire, soit par suite des concessions souveraines vendues ou accordées à titre gratuit à ses fondateurs, soit par des traités ou cessions obtenus par eux ou par la société; — la possibilité d'augmenter encore et perpétuer ces approvisionnements par la culture; — enfin les procédés perfectionnés de trituration, distillation et rectification, dont la société tient des inventeurs le droit exclusif de faire l'application dans les duchés de Toscane, Parme et Modène,—permettent à la Compagnie de donner à cette distillation de l'Asphodèle les proportions les plus larges, en même temps que de produire l'alcool dans les conditions les plus favorables.

« Economie pour la matière première, le combustible, la main-d'œuvre et les transports ; — fabrication active et sans chômages ; — débouchés privilégiés à l'intérieur de la Toscane, presque sans limites pour l'exportation à l'extérieur : tout assure ce résultat.

« Par les concessions qui donnent à la SOCIÉTÉ FRANCO-ITALIENNE le droit d'extraire *gratuitement* l'Asphodèle sauvage sur des territoires immenses, et les traités qui lui assurent des approvisionnements illimités ; — par la culture de cette plante, spécialement dans les terrains dont la Compagnie s'est assuré la jouissance, l'on est en droit de compter que le prix de la matière première sera par hectolitre d'environ 10 francs, et même qu'il pourra être abaissé à 5 francs et au dessous.

« Le plan général des opérations de la Société, — le choix des localités où seront successivement établies les usines de grande fabrication, — la création de petites distilleries agricoles, — la multiplicité des appareils distillatoires ambulants, — enfin l'existence ou la production de la matière première à proximité des usines, ou dans des localités voisines de la mer, permettront de diminuer dans des proportions notables la main-d'œuvre et les frais de transport.

« Pour le combustible, chacun sait combien le bois est abondant dans tout l'intérieur des Maremmes, où d'ailleurs on trouve du combustible minéral.

« Quant à l'activité des travaux, les dispositions prises par la COMPAGNIE FRANCO-ITALIENNE lui permettront, dans la plupart des cas, d'établir ses usines dans des lieux sains, où la distillation pourra être continuée à l'aide des cossettes pendant toute l'année. — Pour les localités de mauvais air où l'abondance de la matière première rendra utile l'établissement d'usines, si celles-ci doivent chômer pendant 4 à 5 mois, l'on pourra employer l'été dans la montagne le personnel occupé l'hiver dans les plaines moins salubres. — Par cette espèce de transumance industrielle, la fabrication sera constante et le prix de revient grevé de frais généraux sera beaucoup moins considérable.

« Peut-être, pour alimenter des usines nombreuses et d'une production très importante, l'on objectera la difficulté d'organiser dès le principe des approvisionnements ou des moyens de transport suffisants ; — déjà nous avons signalé l'abondance de la matière première dont la Société est propriétaire ; nous ajouterons que la situation des usines principales à proximité de la mer, et la facilité de tirer cette matière même de l'étranger, permettront toujours d'éviter de tels inconvénients... . »

Lors de la constitution de la société des alcools de Toscane, voici comment une académie, justement renommée par ses travaux agricoles et d'économie politique, appréciait cette pensée de chercher dans l'exploitation de l'Asphodèle cultivée un moyen de rendre productives les plaines inhabitables des Maremmes :

« Il vient de se créer, dans la province de Grosseto, une nouvelle industrie qui peut avoir une grande utilité publique.

« Cette industrie est celle de l'extraction de l'alcool des tubercules de l'Asphodèle rameuse, appelée *porazzo*, qui y croît spontanément en grande abondance. Elle doit donner de la valeur à une plante qui, jusqu'à présent, n'en avait aucune; qui, au contraire, était réputée nuisible aux pâturages naturels, puisque les bestiaux ne l'aiment pas, et que les vaches mangent à peine la pointe des feuilles lorsqu'elles sont encore très tendres et qu'elles ne trouvent aucune autre herbe.

« Une société se forme pour exploiter sur une large échelle cette industrie, et, avec beaucoup d'intelligence, compte non seulement tirer un profit considérable des tubercules d'Asphodèle qui croissent spontanément dans les Maremmes, mais encore y cultiver cette plante, qui y prospère admirablement, s'assurant ainsi une production constante d'alcool, et introduisant en même temps dans ces terres fertiles une culture appropriée à l'insalubrité des plaines des Maremmes dans la saison d'été.

« A ce point de vue, cette industrie n'est pas seulement une question d'intérêt privé : elle touche encore à l'intérêt général de l'agriculture des Maremmes et de la Toscane entière; à ce titre, elle mérite toute l'attention de la Société.

« Pour démontrer quels avantages l'agriculture et l'industrie toscane peuvent tirer de cette industrie, il suffit de dire que notre Etat tire annuellement de l'étranger pour une valeur de 4,000,000 de francs d'alcool en outre de ce qui se fabrique dans le grand duché. La plus grande partie de cet alcool provient des pays du nord de l'Europe, où on le fabrique avec des grains et des pommes de terre.

« Si le commerce trouve du profit à importer un alcool extrait de matières premières qui exigent une culture soignée et d'un prix élevé, quels avantages il y aurait pour la Toscane à le voir extraire de plantes qui naissent spontanément et peuvent se cultiver à peu de frais et avec très peu de soins, ayant de plus l'économie des transports! Les agriculteurs des Maremmes tireront par cette fabrication un nouveau revenu de leurs terres tout à fait inespéré, sans diminuer le produit habituel.

« Le bon succès de cette entreprise ne peut être douteux si elle est exploitée, comme il paraît, avec des capitaux suffisants pour lui donner un développement convenable, ainsi que le démontrent les succès de la Société Lucet pour l'extraction de l'alcool d'Asphodèle en Sardaigne, et surtout les expériences faites à Florence par les professeurs Bechi, Andrea Cozzi, Adolfo Targioni et Damiano Casanti. » — *Extrait du procès-verbal de l'Académie impériale et royale des Géogophiles de Florence.* — Séance du **10** sept. **1854**.)

Ce que l'Académie des Géogophiles considérait à juste titre comme d'un intérêt immense pour les Maremmes toscanes, la commission formée à Florence pour l'appréciation des produits destinés à l'Exposition universelle le confirmait en admettant les alcools de la société franco-italienne parmi ceux qui devaient représenter la Toscane dans cette solennité industrielle. — L'on peut du reste apprécier toute l'importance que pourrait avoir en Toscane la culture de l'Asphodèle, lorsque l'on songe que grâce aux funestes effets de la *malaria* et à la dépopulation qu'elle entraîne, les plaines de Grossetto, formées d'alluvions d'une fertilité merveilleuse, ne sont cultivées que tous les quatre ans. Cette récolte quatriennale, qui exige une culture toujours dispensieuse, souvent mortelle, donne un produit qui (déduction des frais de culture) n'est que de **34** francs par hectare, soit pour chaque année 8 fr. 50 c.

Les résultats immenses que doit avoir la réalisation du plan de la société toscane, si elle sait le poursuivre avec persévérance et des capitaux suffisants, avaient du reste été appréciés par le gouvernement et par les hommes que leur position politique ou scientifique placent à la tête du pays. — Ainsi, tandis que S. A. I. et R. le grand duc encourageait les efforts des fondateurs de cette société, — tandis qu'il leur recommandait avec une bienveillance toute paternelle de réaliser, d'abord sur une petite échelle, les projets qui plus tard devaient vivifier ces Maremmes pleines de séduction mais aussi de périls, — l'un des hommes les plus considérables d'Italie, le marquis Ridolphi, ancien ministre dirigeant, président de l'Académie impériale et royale des Géogophiles, acceptait la présidence du conseil de la société, dont l'infatigable et savant Dr. Salvagnoli était le secrétaire.

www.ingramcontent.com/pod-product-compliance
Ingram Content Group UK Ltd.
Pitfield, Milton Keynes, MK11 3LW, UK
UKHW020943180726
13838UKWH00003B/1091

9 782329 013367